LA BISARRERIE
DE LA FORTUNE,

OU
LE JEUNE PHILOSOPHE,

COMÉDIE
EN CINQ ACTES, EN PROSE,

Représentée pour la première fois au Théâtre du Marais, à Paris, le 16 Avril 1793, reprise au Théâtre français de la République, rue de la Loi.

Par J. M. LOAISEL-TRÉOGATE.

SECONDE ÉDITION,
Revue et corrigée par l'Auteur, avec un nouveau dénouement.

A TROYES;
Au Magasin général des Piéces de Théâtre;
Chez GOBELET, Imprimeur-Libraire, près la
Maison Commune, n°. 206.

ET A PARIS,
Chez BARBA, Libraire, Maison du Petit-Dunkerque,
Quai Conti, vis-à-vis le Pont-neuf.

AN VII.

On trouve à la même adresse, le CHATEAU DU DIABLE, *deuxième Édition corrigée par l'Auteur;* LA FORÊT PÉRILLEUSE, *Drame en trois Actes.*

C. LOAISEL, faubourg et porte Honoré,
N°. 13, maison d'un mercier.

Réserves de l'Auteur.

JE soussigné, Auteur de *la Bisarrerie de la fortune*, *Comédie en cinq Actes*, demeurant ordinairement à Paris, et m'autorisant du droit que me donne la loi du 19 Juillet 1793, déclare qu'en publiant ladite Comédie par la voie de l'impression, j'entends me réserver tous mes droits sur les représentations de ma Pièce, dans toutes les Villes où elle pourroit être jouée, et que je m'oppose formellement à ce que cette Pièce soit représentée sur aucun Théâtre public, sans mon consentement exprès et par écrit; et que je n'ai confié l'impression de cette édition nouvelle, qu'au C. BARBA, Libraire.

A Paris, ce 12 Nivôse l'an VII.

LOAISEL TRÉOGATE.

PERSONNAGES.

GEORGES, *jeune premier marqué.*
DU TAILLIS, *Garde de la forêt*, Financier.
ROSETTE, *fille de Du Taillis*, Ingénue.
CHAMPAGNE, *Aubergiste*, Comique.
M. DUPRÉ, *Notaire*, Raisonneur.
Un NATURALISTE, Caricature.
Madame ROBERT, *Bourgeoise, veuve de 28 à 30 ans.*
GUILLOT, *Garçon d'auberge.*
Un BRIGADIER *de Maréchaussée.*
Un CAVALIER *de Maréchaussée.*
Plusieurs CAVALIERS.

LA BISARRERIE DE LA FORTUNE,
OU
LE JEUNE PHILOSOPHE,
COMÉDIE.

ACTE PREMIER.

Le Théâtre représente la place d'un village : à droite, sur le devant de la scène, est une auberge, avec une enseigne. Plus loin, sont des arbres, des chaumières. A gauche, aussi sur le devant de la scène, est une maison bourgeoise de quelque apparence. Le fond du Théâtre au goût de l'artiste.

SCÈNE PREMIÈRE.

DU TAILLIS, MAD. ROBERT.
(Ils sortent de chez madame Robert.)

DU TAILLIS.

Voila votre dernier mot, madame Robert ?

Mad. ROBERT.

Assurément.

DU TAILLIS.

C'est une indignité !

Mad. ROBERT.

Je n'en donnerois pas une obole de plus. Je vais revenir ; faites vos réflexions. *(Elle sort pour aller dans le village.)*

SCÈNE II.

DU TAILLIS, ROSETTE.

DU TAILLIS.

Elles sont toutes faites. Vous ne l'aurez, ma foi pas. Oh ! quelle femme ! quelle femme !

ROSETTE, *arrivant.*

Qu'avez-vous donc, mon père ?

DU TAILLIS.

M'offrir vingt sols d'un lièvre superbe !

ROSETTE.

Qui?

DU TAILLIS.

D'un lièvre digne d'être servi à la table d'un receveur des tailles : Regarde-le ; est-il beau ?

ROSETTE.

Mais qui donc, mon père, vous en offre si peu d'argent ?

DU TAILLIS.

Eh parbleu ! madame Robert, la veuve de l'ancien régisseur du château.

ROSETTE.

Vingt sous d'un lièvre ! oh ! c'est conscience ! il est vrai qu'elle est aussi avare que riche, cette madame Robert ! Ce n'est pas comme M. Dupré, le notaire !

DU TAILLIS.

Ah ! c'est un homme juste, celui-là !

ROSETTE.

Il ne retient pas le salaire aux pauvres gens, lui !

DU TAILLIS.

Bien au contraire ; il paye généreusement ceux qu'il fait travailler : je dois le savoir ; je le fournis de gibier depuis trois ans qu'il est établi dans le village.

ROSETTE.

A propos de M. Dupré, un voyageur qui passoit vient de déposer chez lui une somme considérable, et est reparti tout de suite. C'est pour quelqu'un du pays, dit-on ; savez-vous cela, mon père ?

DU TAILLIS.

Non. Quel homme étoit-ce que ce voyageur ?

ROSETTE.

Je l'ai vu passer sur cette place ; il étoit monté sur un cheval bien maigre ; il avoit un mauvais habit noir, l'air assez misérable.

DU TAILLIS.

Etre pauvre, et remettre fidèlement une grosse somme ! faut que ce soit un bien honnête homme !

ROSETTE.

Rentrez-vous à la maison, mon père ?

DU TAILLIS.

Non. Je passe la nuit dans la forêt.

ROSETTE *avec intérêt*.

Vous ne vous reposez point, mon père, cela me chagrine ; vous devriez vous ménager davantage.

DU TAILLIS.

Faut faire son devoir, mon enfant. Je suis garde de la

forêt : depuis plusieurs jours, il s'y commet beaucoup de vols, beaucoup de brigandages, je dois redoubler de vigilance, et faire prendre, s'il se peut, tous les coquins qui empêchent les braves gens de voyager en sureté.

ROSETTE.

Il n'est pas nuit encore; venez au moins souper au logis.

DU TAILLIS.

Je n'ai pas faim. Je vais boire un coup dans cette auberge. Demain, à la pointe du jour, tu m'apporteras mon déjeûner sous le gros arbre dans la forêt : entends-tu, ma fille ?

ROSETTE.

Oui, mon père. (*Champagne parle dans la coulisse.*)

DU TAILLIS.

Pourquoi te sauves-tu si vite ?

ROSETTE.

C'est que j'entends la voix de M. Champagne.

DU TAILLIS.

Ton prétendu te fait peur ?

ROSETTE.

Tenez, mon père, je ne serai jamais la femme de M. Champagne.

DU TAILLIS.

Ecoute, Rosette, écoute : parle-moi sincèrement. As-tu quelque inclination ?

ROSETTE.

Ne lisez vous pas dans mon cœur aussi bien que moi-même.

DU TAILLIS.

Mon intention n'est pas de forcer ton penchant. Je n'ai point l'ame intéressée, tout le monde le sait ; mais je n'ai pas une obole à te donner en mariage, et Monsieur Champagne dit avoir quelque chose. Songes-y, et réponds lui : oui ou non

ROSETTE.

Il vient. Je me sauve, mon père, voilà ma réponse.
(*Elle sort en courant.*)

SCÈNE III.

DU TAILLIS, CHAMPAGNE.

CHAMPGNE *appelant Rosette.*

Mameselle mameselle Rosette... Pourquoi fuit-elle, votre fille ?

DU TAILLIS.

Elle a des affaires. Pendant que je fais la chasse aux

brigands et aux bêtes malfaisantes, faut bien qu'elle vaque aux soins du ménage.

CHAMPAGNE.

Ah ça, père Du Taillis, vous vous souvenez de notre dernière conversation?

DU TAILLIS.

Très-bien, M. Champagne.

CHAMPAGNE.

Outre le mobilier de là-dedans, que je viens d'acquérir, en louant cette auberge, il me reste quelque argent comptant. Votre fille n'a rien, de votre aveu; je ne demande point de dot, je vous l'ai dit; d'après cela, il n'est pas douteux qu'elle ne réponde à mes bonnes intentions pour elle.

DU TAILLIS.

L'avez-vous entretenu de vos sentimens?

CHAMPAGNE.

Oui, je lui en ai parlé.

DU TAILLIS.

Que vous a-t-elle répondu?

CHAMPAGNE.

Des choses flatteuses. Monsieur Champagne, m'a-t-elle dit avec un petit son de voix tout-à-fait gracieux, je vous suis obligée de votre recherche, mais je ne me sens aucun goût pour votre personne.

DU TAILLIS, *riant*.

Vous êtes flatté d'une telle déclaration?

CAMPAGNE.

Sans doute. Si, comme on le prétend, une fille dit toujours le contraire de ce qu'elle pense, je dois conclure du discours de Rosette que ma personne ne lui déplaît pas.

DU TAILLIS.

Ce n'est pas mal l'entendre!

CHAMPAGNE.

Après tout, vous êtes son père, je vous conviens; partant, je dois lui convenir.

DU TAILLIS.

Ce n'est pas la même chose. Un père ne voit pas toujours avec les yeux de sa fille.

CHAMPAGNE.

Non; mais une fille ne doit voir qu'avec les yeux de son père.

DU TAILLIS.

Je ne pense pas comme vous sur cet article. Au reste,
ma

ma fille vous connoît à peine; il n'y a que quinze jours que vous tenez cette auberge. Parvenez à lui plaire, décidez-la en votre faveur, j'y consens bien volontiers; mais il faut son aveu, je vous en avertis; à propos, et ce bon vin de Brie que vous attendiez ce matin ?

CHAMPAGNE.

Il est arrivé.

DU TAILLIS.

Il est arrivé, et vous ne dites mot! ça n'est pas honnête, Monsieur Champagne.

CHAMPAGNE.

Je descends à la cave.

DU TAILLIS.

A la bonne heure! Allez chercher pinte, bonne mesure. Je vous suis. (*Il tire de sa poche son briquet, sa pipe et son tabac.*)

SCÈNE IV.
DU TAILLIS, GEORGES.

DU TAILLIS.

Du vin de Brie... (*Il bat le briquet.*) C'est un excellent consommé, qu'un verre de ce vin-là! Quand on va faire le guet toute une nuit, dans les bois, il est prudent de se réconforter l'estomac.

GEORGES.

Monsieur, pourriez-vous me dire, si c'est toujours ici la demeure de Madame Robert?

DU TAILLIS.

Oui, Monsieur; c'est là qu'elle loge, cette généreuse personne.

GEORGES.

Elle est chez elle?

DU TAILLIS *avec une sorte d'humeur.*

Non. Elle vient d'aller dans le village... Elle va rentrer.

GEORGES.

Bon. Je vais l'attendre. Dites-moi un peu, Monsieur, est-elle toujours veuve?

DU TAILLIS.

Oui, Monsieur.

GEORGES.

Je vous remercie.

DU TAILLIS *à part.*

Je ne connois pas ce visage-là.

B

GEORGES, à part.

(*Avec enthousiasme.*) J'étois bien sûr qu'elle me garderoit sa foi !

DU TAILLIS.

(*A part.*) Vient-il flairer les écus de la veuve ? Il sera bien fin s'il y touche ! (*Haut.*) Vous connoissez Madame Robert, Monsieur ?

GEORGES.

Oui, Monsieur, beaucoup.

DU TAILLIS.

Ma foi, je ne vous félicite pas d'une telle connoissance.

GEORGES.

Pour quelle raison ?

DU TAILLIS.

Cette femme-là n'est bonne que pour elle.

GEORGES.

Vous la connoissez mal, mon cher Monsieur.

DU TAILLIS.

C'est une avaricieuse. Tout le pays la connoit pour telle.

GEORGES.

Tout le pays se trompe.

DU TAILLIS.

Oh ben oui ! témoin mon lièvre, qu'elle vouloit m'acheter vingt sols, il n'y a qu'un moment. Oui, je le dis, je le répète : c'est une femme avare, sordide, dure au pauvre monde.

GEORGES.

Eh bien, moi, Monsieur, je la crois aussi généreuse que sensible. Sans cela, je n'aurois pas franchi l'espace des mers, pour venir ici m'unir à elle par des nœuds indissolubles.

DU TAILLIS.

Vous venez de par-de-là les mers épouser Madame Robert ?

GEORGES.

Oui, Monsieur.

DU TAILLIS.

Vous lui avez donc fait l'amour par lettres ?

GEORGES.

Non. Ces lieux ont vu naître ma tendresse pour elle.

DU TAILLIS.

Je ne me souviens pas de vous y avoir jamais vu.

GEORGES.

Il y a huit ans que j'ai quitté cette terre chérie. Je suis fils d'un Laboureur du canton.

Du Taillis.
Ha, ha!
Georges.
J'avois seize ans, quand mon oncle, nommé à la cure de ce village, vint me tirer de la charrue, pour me prendre chez lui, et m'enseigner le latin.
Du Taillis.
Que peut-être il ne savoit guères.
Georges.
C'est alors que Madame Robert, âgée de dix-huit ans, devint veuve de Monsieur Robert, régisseur de la terre voisine. J'entrepris et j'eus le bonheur de calmer son chagrin. Il y avoit deux ans qu'elle me témoignoit beaucoup d'attachement, quand mon oncle mourut.
Du Taillis *cherchant dans sa tête.*
D'apoplexie?
Georges.
Justement.
Du Taillis.
Je l'ai ouï dire. (Car il n'y a que cinq ans que je suis garde de cette forêt.)
Georges.
Il ne me restoit que l'espoir d'épouser Madame Robert, espoir qu'elle m'avoit donné plus d'une fois!
Du Taillis.
Vous aviez donc un coffre-fort?
Georges.
Je n'avois que mon amour... Un jour que je la conjurois de combler mes vœux, elle me tint ce langage, » Georges, (c'est mon nom) tu as de l'esprit et de l'in- » telligence; mais tu n'es rien encore; un homme de » mérite parvient rarement dans son pays; va chercher » fortune dans quelque terre étrangère, reviens ensuite, » reviens amoureux et fidele, alors je tiendrai la promesse » que je te fais en ce moment, de n'être jamais à d'autre » qu'à toi. »
Du Taillis.
Elle vouloit se débarrasser de vous.
Georges *avec enthousiasme.*
Elle vouloit que je fusse plus digne d'elle.
Du Taillis.
Et vous partites?
Georges.
Le desir d'une maîtresse chérie est un ordre absolu.

Je partis sur-le-champ. J'ai visité une grande partie du globe. Enfin, après bien des événemens et des revers, me voici de retour auprès de ma bien-aimée.

Du Taillis.

Avec des espèces, selon le vœu de Madame Robert ?

Georges.

Non ; mais avec d'autres avantages qui dispensent ceux de la fortune.

Du Taillis *en riant.*

Vous ignorez sûrement, M. le voyageur, que Madame Robert, bien que jeune encore, a refusé nombre de prétendans, parce qu'aucun d'eux n'avoit assez de ça pour elle. (*Il fait le geste de compter de l'argent.*)

Georges.

C'est qu'elle m'attendoit.

Du Taillis.

Elle a pourtant bien l'air de n'attendre personne. Jamais elle n'a parlé de vous.

Georges, *vivement.*

Ah ! je l'en aime davantage.

Du Taillis.

De ne point parler de vous ?

Georges.

Les ames délicates renferment leur tendresse, de peur de l'affoiblir en la laissant éclater.

Du Taillis.

La délicatesse de madame Robert, ha, ha, ha... Soit, je le veux bien, moi... Je vous souhaite bonne réussite. (*En s'en allant.*) Cet homme ne manque pas de confiance. *Il salue Georges, et entre dans le cabaret.*)

SCÈNE V.

GEORGES, Mad. ROBERT, *retournant chez elle.*

Georges.

Voila pourtant comme on juge des sentimens les plus estimables ! Que vois-je ?.... Je ne me trompe point... c'est sa taille, sa tournure... oui, c'est elle. (*Vivement.*) Madame Robert ?

Mad. Robert.

Qui m'appelle ?

Georges.

Elle est plus fraiche que jamais.

Mad. Robert.

Qui êtes-vous ?

GEORGES.
L'amant le plus tendre et le plus fidèle.

Mad. ROBERT, *très-étonnée*.
Un amant ! Que me veut cet homme ?

GEORGES.
Le fidèle Georges est devant vous, et votre cœur ne vous le dit pas !

Mad. ROBERT.
Georges !

GEORGES.
Lui-même.

Mad. ROBERT.
Après huit ans d'absence, Georges en ce lieu ! c'est impossible.

GEORGES.
Pensez-vous que ce soit son ombre ?

Mad. ROBERT *d'un air détaché*.
Vous ne m'avez point écrit. Je vous croyois mort.

GEORGES *à part*.
Quelle réception !

Mad. ROBERT.
Je n'en peux revenir ! comment ! c'est vous, c'est Georges que je revois ? Sérieusement ?.... Vous êtes bien changé !

GEORGES.
Les tempêtes, les naufrages ; tous les maux d'une longue navigation, peuvent bien un peu changer un homme.

Mad. ROBERT.
Vous avez donc bien voyagé ?

GEORGES.
J'ai fait le tour du monde. (*Amoureusement.*) Mais en changeant souvent de place et de climats, je n'ai point changé de cœur, madame Robert.

Mad. ROBERT.
Que de merveilles vous avez dû voir ! et que ce sera une chose intéressante, que le récit de tout cela ! Mais dites-moi d'abord : en quittant ces lieux, où allâtes-vous ?

GEORGES.
A Marseille, où je fis rencontre d'un savant qui voyageoit pour l'instruction de ses semblables ; c'étoit quinze jours avant son embarquement. Il s'apperçut que j'avois quelque aptitude aux sciences ; j'eus le bonheur de lui plaire et je devins son compagnon de voyage.

Mad. ROBERT.
Quel étoit votre emploi auprès de ce savant ?

GEORGES.

J'étois son copiste ; et vous sentez que mon esprit ne manquoit pas de faire son profit de toutes les observations que ma plume fixoit sur le papier.

Mad. ROBERT, à part.

Voyons s'il a fait fortune. (*Haut*.) Je brûle d'impatience de savoir tout ce qui vous est arrivé depuis notre séparation.

GEORGES.

Huit jours entiers ne suffiroient pas pour vous raconter toutes mes avantures. Tel que vous me voyez, on m'a mené esclave à Maroc ; j'ai été abandonné une fois dans une isle déserte, et deux fois dans les sables de la Tartarie. J'ai disputé ma vie contre les élémens, contre les animaux, contre toute la nature.

Mad. ROBERT.

Vous me faites frémir ! Et votre savant, que faisoit-il alors ?

GEORGES.

Il couroit les mêmes hasards. Nous nous sommes perdus, nous nous sommes retrouvés ; bref, nous étions dans une ville d'Asie, quand je quittai ce savant respectable pour repasser en France.

Mad. ROBERT.

Pourquoi le quittâtes-vous ?

GEORGES.

Vous me le demandez ! Ignorez-vous, madame Robert, qu'il existoit ici un objet dont le souvenir m'interdissoit le bonheur par-tout où je ne voyois point cet objet chéri ? Un autre à ma place seroit mort, cent fois des maux que j'ai soufferts ; j'ai survécu, grace au ciel, et me voilà.

Mad. ROBERT.

Vous m'affligez. Cependant, j'imagine qu'un si grand voyage n'aura point été infructueux, vous avez sûrement rapporté des choses qui vous dédommagent de tant d'épreuves cruelles ?

GEORGES.

Il est vrai, je peux récompenser dignement votre constance, car je sais que vous m'avez gardé votre foi.

Mad. ROBERT *vivement*.

Oh certainement ! je me suis toujours occupée de vous.

GEORGES.

J'apporte avec moi des biens d'un prix inestimable, un vrai trésor,

Mad. ROBERT.

Un trésor ! Ce pauvre Georges ! Je suis enchantée de le revoir; mais pourquoi n'entrons-nous pas au logis ? le jour baisse; entrez donc, je vous prie.

GEORGES.

Nous sommes fort-bien ici ; le tems est si beau !

Mad. ROBERT.

Vous rapportez un trésor ! je veux absolument que vous veniez vous reposer et loger chez moi.

GEORGES.

C'est bien mon intention !

Mad. ROBERT.

Ce digne ami ! revenir de si loin ! Vous devez être accablé de fatigues.

GEORGES.

Au contraire, l'exercice est mon élément. Plus je marche, mieux je me porte.

Mad. ROBERT.

Jamais il ne fut si aimable. Vous avez donc amassé bien de l'argent?

GEORGES, *étonné.*

De l'argent ! point du tout.

Mad. ROBERT.

Votre fortune est dans votre porte-feuille?

GEORGES.

Ma foi non.

Mad. ROBERT.

J'entends: elle consiste en bijoux, en marchandises de prix.

GEORGES.

Je n'ai ni billets, ni marchandise, ni argent: et si de porter avec soi tout ce qu'on a, est une preuve de philosophie, je suis assurément, le plus grand philosophe de la terre.

Mad. ROBERT *prenant un air froid.*

Où est donc ce trésor que vous avez rapporté?

GEORGES *mettant la main sur son front.*

Là, Madame, là.

Mad. ROBERT.

Je ne vous comprends point.

GEORGES.

Votre amant revient auprès de vous, avec une tête meublée de vérités utiles, de connoissances philosophiques. (*Ici le théâtre s'obscurcit par dégrés.*)

Mad. ROBERT *avec un rire dédaigneux.*

Voilà toutes vos richesses?

GEORGES.

En connoissez-vous de plus réelles, de moins périssables que celles-là, Madame Robert?

Mad. ROBERT.

(*A part.*) Il revient pauvre, debarrassons-nous de cet importun. (*Haut.*) Il est tard, M. Georges.

GEORGES.

En effet, la nuit s'avance. Entrons chez vous, Madame Robert; je vous avoue que l'appétit me gagne prodigieusement. Assis à votre table, je vous conterai des choses surprenantes. (*Il prend le chemin de la maison.*)

Mad. ROBERT *l'arrêtant par l'habit.*

M. Georges!

GEORGES *allant vers le logis de mad. Robert.*

Avec quel transport je vais revoir cette demeure où mes premiers feux...

Mad. ROBERT *l'arrêtant encore.*

Je n'y songeois pas, M. Georges, vous ne pouvez entrer.

GEORGES *s'arrêtant.*

Je ne peux pas entrer!

Mad. ROBERT.

Il y a chez moi...

GEORGES *vivement.*

Il y a chez vous?

Mad. ROBERT.

Oui... il y a chez moi de... de l'embarras... un déplacement de meubles.

GEORGES.

Que me fait à moi l'arrangement ou le dérangement de quelques meubles dans votre maison? (*Amoureusement.*) Y verrai-je autre chose que celle dont la présence embellit tout à mes yeux. (*Il va pour entrer.*)

Mad. ROBERT *vivement.*

Un moment, je vous prie!

GEORGES.

Avec moi ce ton cérémonieux! vous vous moquez. (*Il pousse la porte.*)

Mad. ROBERT *le retenant par le bras.*

N'entrez pas, de grace.

GEORGES *étonné.*

Comment! madame, tout-à-l'heure vous étiez la première à m'offrir....

Mad. ROBERT.

Je n'y pensois pas, vous dis-je. J'ai vraiment chez moi des embarras par-dessus les yeux, et d'ici à long-tems, je ne pourrai recevoir personne.

GEORGES.

Pas même vos amis?

Mad. ROBERT.

Pas même mes amis.

GEORGES.

Pas même celui qui venoit, sur la foi de vos sermens, vous consacrer le reste de sa vie?

Mad. ROBERT.

Mes sermens!

GEORGES.

Vous ne vous en souvenez plus, à ce qu'il paroit!

Mad. ROBERT.

A vous dire vrai, j'ai si peu de mémoire, que le soir j'oublie ce que j'ai fait le matin.

GEORGES.

Quel langage!

Mad. ROBERT.

Vous avez raison; j'ai tort d'entrer dans ces détails. La nuit devient obscure, je vous empêche de continuer votre chemin.

GEORGES *très-étonné.*

Que dites-vous, madame?

Mad. ROBERT.

Je vous remercie de votre bonne visite; mais je ne veux pas vous retenir plus long-tems. Bonne nuit M. Georges. (*Elle lui ferme la porte au nez.*)

SCÈNE VI.

(*La nuit devient très-obscure.*)

GEORGES *seul.*

(*Après un silence.*) L'INGRATE!... c'étoit bien la peine de revenir de si loin, pour recevoir un tel accueil!... quel parti prendre? me consumer en regrets superflus? Non. Ce cœur, où je croyois occuper une place, est rempli tout entier par la passion de l'argent. Il n'est plus digne de moi... Considérer mon avanture avec le sang-froid d'un homme raisonnable, et la mettre au rang des songes qui composent les trois quarts de la vie humaine, tel doit être le résultat de mon entrevue avec une femme que je ne peux plus estimer... Allons, puisque l'hospitalité m'est refusée dans cette maison, cherchons un autre gîte pour cette nuit. Depuis le lever du soleil, je n'ai rien pris, j'ai toujours marché. Tâchons de nous procurer du repos et un peu de nourriture. Voici justement une auberge. Entrons... Mais je n'ai point d'argent. N'importe; frappons. Ah! je me plais à croire que tous les cœurs ne sont pas aussi durs que celui de Madame Robert. (*Il frappe.*)

SCÈNE VII.
GEORGES, CHAMPAGNE.

CHAMPAGNE *en-dedans sa maison.*
Qu'est-ce qui frappe?

GEORGES.
Ami.

CHAMPAGNE *ouvrant sa porte avec une lumière à la main.*
Que demandez-vous?

GEORGES.
A souper, et le couvert pour cette nuit...

CHAMPAGNE.
Je peux vous donner à souper, mais un lit, cela m'est impossible. Mon auberge est pleine.

GEORGES.
Quoi! vous n'auriez pas quelque petite chambre?

CHAMPAGNE.
Non.

GEORGES.
Quelque coin où je fusse seulement à l'abri des injures de l'air?

CHAMPAGNE.
Si vous ne voulez qu'être à couvert, il y a la grange.

GEORGES.
La grange? c'est fort bon.

CHAMPAGNE.
Vous y aurez de la paille fraîche; c'est tout ce que je peux faire.

GEORGES.
De la paille fraîche! Je serai à merveille. Allons; préparez le souper tout de suite.

CHAMPAGNE.
Vous avez faim?

GEORGES *gaîment.*
Une faim de voyageur.

CHAMPAGNE.
Qu'est-ce que monsieur mangera pour son souper? Monsieur veut-il un lapreau, une perdrix,

GEORGES, *vivement.*

Volontiers.

CHAMPAGNE.

Voulez-vous l'un et l'autre?

GEORGES.

Oui mettez hardiment l'un et l'autre.

CHAMPAGNE.

Je vous previens que le gibier est fort cher.

GEORGES.

Je m'en rapporte à votre probité. Vous fixerez vous même le prix de ma dépense, et je vous ferai tenir cette petite somme au premier jour.

CHAMPAGNE *étonné.*

Plait-il?

GEORGES.

En quelque lieu que le sort me conduise, mon hôte, je vous enverrai cet argent par la voie la plus prompte.

CHAMPAGNE.

C'est-à-dire que monsieur veut souper à crédit?

GEORGES.

Je ne suis pas en fonds aujourd'hui; mais d'un moment à l'autre...

CHAMPAGNE.

Ah! monsieur n'a point d'argent, et monsieur veut souper?

GEORGES.

Je ne vous parle pas du plaisir que vous me ferez; le plaisir est pour celui qui oblige.

CHAMPAGNE.

Tout de bon?

GEORGES.

Je sais toute la satisfaction que je vous procure, en vous offrant l'occasion d'être utile à votre semblable.

CHAMPAGNE.

Grand merci de la préférence.

GEORGES.

J'aurois pu aller dans l'auberge voisine.

CHAMPAGNE.

Il en est temps encore; je ne gêne personne.

GEORGES.

Non. A présent que je vous ai vu, et que vous me paroissez apprécier le bonheur de rendre service, il est juste de vous en laisser jouir plutôt qu'un autre.

C ij

CHAMPAGNE.

Mais quel original !

GEORGES.

Allons, monsieur l'aubergiste, entrons, et faites-moi souper promptement. (*Il va pour entrer dans l'auberge.*)

CHAMPAGNE *le rappelant.*

Monsieur, Monsieur, écoutez : je suis généreux, moi ; je ne veux pas ravir à mes confrères le rare avantage de loger un homme qui leur peindra si bien les douceurs de la bienfaisance. Adieu, Monsieur. (*Il rit.*) Ah, ah, ah ! voilà un bien risible personnage ! (*Il rentre chez lui, et ferme la porte au nez de Georges.*)

SCÈNE VIII.

GEORGES *seul.*

(*Après un silence.*) CET homme n'est pas meilleur que Madame Robert. Il est heureux, pour lui, que je connoisse le prix de la modération. Sans cela, peut-être lui aurois-je donné une idée démonstrative de la vigueur de mon bras.... Cependant, l'aiguillon de la faim me tourmente.... Les peuples que nous appelons sauvages, connoissent l'hospitalité ; et, dans mon pays !.... Mais pénétrons un peu dans le village, et faisons quelque nouvelle tentative. Elle sera sûrement plus heureuse que celle-ci.

Fin du premier Acte.

ACTE II.

Le Théâtre représente un endroit écarté de la forêt. On y voit un banc de gazon formé par la nature, et autres siéges naturels.

SCÈNE PREMIERE.

Georges est endormi aux pieds d'un arbre, vers le milieu de la scène. Deux voleurs paroissent tout-à-coup, au fond du théâtre. L'un d'eux porte une valise pleine. Ils se parlent bas, et regardent d'un air très-inquiet, à travers les arbres de la forêt. Un coup de fusil se fait entendre dans la coulisse. Celui des voleurs qui tient la valise, la laisse tomber de frayeur aux pieds d'un arbre, et ils se sauvent tous les deux. Du Taillis et quel-

ques gardes traversent le théâtre, avec la précipitation de gens qui en poursuivent d'autres. *Du Taillis leur sert de guide.*

SCÈNE II.
(*Le jour se lève.*)

GEORGES *seul; il étend les bras, se réveille et se met sur son séan.*

MALGRÉ la diète rigoureuse que je fais depuis vingt-quatre heures, j'ai dormi long-tems; le jour commence à paroître... C'est incroyable, que dans tout un village, je n'aie pu trouver ni hospitalité, ni secours, et qu'il m'ait fallu venir chercher un gîte sous les arbres de cette forêt ! Ah ! l'expérience m'apprend tous les jours, que l'humanité est étrangère à bien des humains... Gardons-nous d'en murmurer ! Que d'hommes valant mieux que moi, n'ont eu souvent, dans le cours de leur vie, qu'une pierre, ou un peu de sable humide, pour reposer leur tête... (*Il se lève péniblement: il a l'air pâle et défait.*) Le sommeil ne m'a point soulagé, et le premier besoin de la nature se fait sentir d'une manière vraiment inquiétante... Tout mon corps pèse sur mes genoux... Je me soutiens à peine... si cela continue, il me faudra succomber, malgré ma patience et ma résignation.

SCÈNE III.
GEORGES, ROSETTE.

ROSETTE *avec un panier sous le bras. Elle chante en entrant.*

COMME le temps est beau, ce matin ! tant mieux. Mon pauvre père se fatiguera moins dans ses courses. Quel mal il se donne !

GEORGES, *égaré.*

J'entends quelqu'un.

ROSETTE.

Voici son déjeûner qu'il m'a dit de lui porter sous le gros arbre, à la pointe du jour.

GEORGES.

C'est une jeune fille.

ROSETTE.

Peut-être y est-il déjà ? allons voir. (*Elle va pour pénétrer dans le bois.*)

GEORGES *d'une voix éteinte.*
Mademoiselle ? (*faisant des efforts pour se faire entendre.*) Mademoiselle?
ROSETTE.
On m'appelle, je crois ! (*Elle se retourne.*)
GEORGES.
Daignez approcher.
ROSETTE.
Que me voulez-vous ?
GEORGES.
Ne craignez rien, ma belle enfant, ne craignez rien.
ROSETTE.
Oh ! je n'ai pas peur. Qu'y a-t-il pour votre service?... Vos mains tremblent ! vous paroissez avoir froid !
GEORGES.
Je ne sais si c'est le froid, la faim ou la soif; mais je ne suis pas bien, Mademoiselle.
ROSETTE *vivement et avec intérêt.*
Vous avez faim ?
GEORGES.
Depuis hier le matin, je n'ai ni bu ni mangé; je ne rougis pas de vous en faire l'aveu.
ROSETTE.
Est-il possible? Venez vous asseoir sur ce gazon.... Comme il a l'air souffrant ! Prenez mon bras, je vous aiderai à marcher. (*Elle offre son bras.*)
GEORGES *la prenant sous le bras.*
Vous me rendez un grand service ; car mes jambes peuvent à peine me porter. (*Elle le mène auprès du gazon.*)
GEORGES.
Que vous êtes bonne !
ROSETTE.
Asseyez-vous. Tenez, voilà du pain et des fruits, voici du vin. (*Elle tire de son panier une bouteille de grès.*) C'étoit pour mon père, mais j'irai lui chercher un autre déjeuner.
GEORGES *s'asseyant.*
C'est un ange que le ciel m'envoye. Et si votre père alloit vous gronder?
ROSETTE.
Vous ne le connoissez pas! s'il me grondoit, mon père, ce seroit d'avoir eu l'occasion de rendre service, et de n'en avoir pas profité. Prenez en toute assurance,

prenez. (*Il prend, et il mange.*) J'ai le tems d'attendre, ne mangez pas avec trop de précipitation...Voici la tasse de mon pere; buvez un coup. (*Elle lui verse à boire.*)

GEORGES *après avoir bu.*

Vos soins me pénètrent le cœur.

ROSETTE.

Comment vous trouvez-vous si matin dans cette forêt?

GEORGES.

J'y ai passé la nuit.

ROSETTE.

Où ?

GEORGES.

Au pied de cet arbre.

ROSETTE.

Et peut-être n'êtes-vous pas habitué à coucher sur la dure?

GEORGES.

Pardonnez-moi, cela m'est arrivé plus d'une fois. La vie est un voyage pendant lequel on est tantôt bien, tantôt mal ébergé.

ROSETTE.

Mangez donc; buvez encore, le vin répare les forces.

GEORGES *après avoir mangé et bu.*

Je commence à reprendre mes sens. (*Il la regarde.*) Dites-moi donc, ô vous, à qui ma reconnoissance ne sait quel nom donner, dites-moi : à qui ai-je l'obligation du secours généreux que je reçois?

ROSETTE.

Je m'appelle Rosette.

GEORGES *avec une force concentrée.*

Ah ! je n'oublierai jamais le nom de Rosette ! Quel est votre père ?

ROSETTE.

Du Taillis, garde de la forêt.

GEORGES.

Ah ! vous êtes fille du garde de cette forêt : je l'ai vu. Je suis sûr que c'est un honnête homme ; mais il doit s'impatienter, s'il vous attend. Allez, belle Rosette, allez renouveller la provision de votre panier. Il ne faut pas que le père d'une aussi aimable fille se passe de déjeûner.

ROSETTE.

Ce n'est pas mon intention ; mais il en reste assez pour mon père... (*Elle fait un pas, et revient.*) Je crains de vous quitter ; si vous aviez encore besoin de quelque chose ?

GEORGES.

Non. Je me sens mieux à présent. Allez, belle Rosette, allez faire déjeuner M. Du Taillis. Dites-moi seulement votre demeure.

ROSETTE.

Dans le village, sur la place, la maison à l'entrée de la forêt.

GEORGES.

J'irai vous remercier chez vous de toutes vos bontés. Je veux revoir l'auteur de vos jours, et le féliciter d'avoir un enfant tel que vous. Sans adieu, mademoiselle Rosette. [*A part.*] Belle, et sensible aux besoins de l'indigent ! quelles heureuses qualités !

ROSETTE *en s'en allant.*

C'eût été bien dommage qu'il fût mort de faim !

SCÈNE IV.

GEORGES *seul.*

Ah ! madame Robert, quelle différence entre vous et cette charmante fille ! comme ses soins et sa voix peignoient d'une manière touchante l'intérêt qu'elle prenoit à mon sort ! Bonté, douceur, ingénuité, voilà ce qu'elle possède ; voilà ce que je desirois de trouver dans le cœur d'une épouse !... Que d'images riantes cette idée fait revivre dans mon esprit ! Il faut les écarter ; elles ne conviennent point à ma situation. [*En marchant il heurte du pied la valise qui est par terre, au pied d'un arbre.*] Qu'est-ce ? une valise ! [*Il la retourne : avec joie.*] S'il y avoit là-dedans quelque somme d'argent ! [*Après un silence.*] De l'argent ! Me voilà donc réduit à desirer de l'argent !... [*Tristement.*] Il le faut bien, puisque, sans argent, on n'a rien à espérer dans le monde, pas même sa subsistance. [*Il veut ouvrir la valise. Il s'arrête...*[Puis-je m'approprier un bien qui ne m'appartient pas ? J'ai trouvé cette valise, à la bonne heure ; mais celui qui l'a perdue est peut-être un homme de bien, un père de famille, qu'en ce moment cette perte désespère ? Quel que soit mon malheur, je ne profiterai point de cette ressource. Je ne dois même pas ouvrir la valise. Allons sur-le-champ la déposer chez le greffier du lieu. (*Il la prend.*) Quel chemin conduit au village ? je ne sais : à tout hasard, prenons le premier qui se présente.

[*Il*

(Il sort sans voir les acteurs qui entrent, et sans en être apperçu.)

SCÈNE V.

LE NATURALISTE, UN BRIGADIER, DES CAVALIERS DE MARÉCHAUSÉE.

(Le Naturaliste est en mauvais habit noir, en bottes; perruque à bourse, mal peigné et sans poudre, il tient un fouet à la main.)

LE NATURALISTE.

Ne faut-il pas que je sois bien malheureux ! Je suis chargé d'un dépôt de cinq cents mille livres pour quelqu'un du village qui avoisine cette forêt, je le remets avec fidélité chez le notaire de l'endroit : je repars, la nuit me surprend, des voleurs m'attaquent et m'emportent ma valise.

LE BRIGADIER.

C'est bien fâcheux, assurément !

LE NATURALISTE.

Je suis un homme perdu, messieurs, si vous ne me faites pas retrouver ma valise.

LE BRIGADIER.

Nous n'avons rien négligé pour découvrir les auteurs de ce vol. Avant le jour, nous parcourions le bois divisés en deux brigades : la mienne, dont vous avez guidé la recherche, a visité soigneusement tous les lieux que vous lui avez indiqués; l'autre ne peut tarder de nous rejoindre en ce lieu, qui est notre point de ralliement.

LE NATURALISTE.

Il faut chercher par-tout, M. le brigadier, interroger tout le monde, la ville, les campagnes, la France toute entière.

LE BRIGADIER.

Mais, Monsieur, qu'aviez-vous dans cette valise dont la perte vous est si sensible ?

LE NATURALISTE.

Ce que j'avois ! monsieur ! ce que j'avois !

LE BRIGADIER.

Des bijoux ? quelques marchandises précieuses ? Monsieur est marchand, peut-être ?

LE NATURALISTE.

Non, monsieur, je suis antiquaire et naturaliste. Les choses qu'il y a dans ma valise, sont de ces choses que tout l'or d'un empire ne payeroit pas leur juste valeur.

LE BRIGADIER *etonné.*

Vraiment ?

LE NATURALISTE *débitant fort vite.*

N'en doutez pas, M. le Brigadier ; j'avois dans ma valise des mouches cornues de l'Amérique, des hannetons dorés, un œuf de crocodile, un nez d'espadon.

LE BRIGADIER *se mettant en garde.*

D'espadron ?

LE NATURALISTE *avec humeur.*

Eh non, d'espadon, poisson marin extrêmement rare. J'avois dans ma valise un bec d'onocrotal. L'onocrotal est un oiseau de marais. J'avois dans ma valise une rose cueillie autrefois dans les jardins suspendus de Babylone.

LE BRIGADIER.

Elle date de loin, cette rose-là !

LE NATURALISTE.

J'avois, dans ma valise, la tête de l'aspic dont la piqûre porta la mort dans les veines de la belle Cléopâtre. J'avois...

LE BRIGADIER *l'interrompant.*

Monsieur, Monsieur, voici nos Cavaliers ; ils ont fait une prise.

LE NATURALISTE *vivement.*

Une prise ! Ah ! grand Dieu ! si c'étoit !...

SCÈNE VI.

LE NATURALISTE, GEORGES, LE BRIGADIER, LES CAVALIERS, AUTRES CAVALIERS.
(*Les nouveaux Cavaliers amènent Georges, qu'ils ont capturé ; l'un d'eux porte la valise.*)

UN CAVALIER.

Nous tenons le voleur. Deux autres sont arrêtés, grace à la vigilance du garde de la forêt, qui nous a mis sur leurs traces. On les conduit en ce moment chez le juge du lieu.

LE NATURALISTE *reconnoissant sa valise.*

[*Avec joie.*] Voilà ma valise ! je la reconnois. [*Il s'en empare brusquement.*] Oui c'est ma valise ! j'en donnerai la preuve. Ah ! messieurs ! que ne vous dois-je pas ! (*Regardant Georges.*) C'est donc là le brigand qui cette nuit me dépouilloit d'un bien que j'estime plus que ma vie !

LE CAVALIER.

Je vous en reponds ; c'est bien lui. Il emportoit votre valise le plus lestement du monde, quand nous nous sommes trouvés-là fort-à-propos, pour ralentir un peu la vitesse de sa marche.

GEORGES.

Puisque je suis réduit à me justifier d'un crime aussi bas que celui dont on m'accuse, je déclare, messieurs, que je n'ai point volé cette valise. La chose s'est passée comme je vous l'ai racontée.

LE CAVALIER.

Ah oui il dit l'avoir trouvée.

GEORGES.

Oui, Messieurs, je l'ai trouvée, et je la portois chez le Greffier du lieu, quand vous m'avez arrêté.

LE CAVALIER.

Oui, il la portoit chez le greffier; mais il prenoit une route toute opposée à celle qui mène au village.

GEORGES.

Ne connoissant pas bien les issues de la forêt, Messieurs, j'ai pu prendre un chemin pour un autre; mais le fait est que j'ai trouvé cette valise.

LE NATURALISTE.

Comment se peut-il que tu l'aies trouvée? je ne l'ai pas perdue; on me l'a ravie sur mon cheval, dans le grand chemin qui traverse la forêt.

GEORGES.

C'est possible; mais enfin, je dis la chose comme elle est. Puisque cette valise est à vous, Monsieur, rendez hommage à la vérité. Es-ce moi? me reconnoissez-vous pour celui qui vous a volé.

LE NATURALISTE.

Eh! comment se rappeler la figure d'un homme qu'on n'a vu que la nuit? Je sais que j'ai été attaqué, qu'on a voulu me tuer, qu'on m'a enlevé ma valise de force, et puisqu'elle est entre tes mains, ce ne peut être que toi.

GEORGES.

Mais encore, examinez...

LE NATURALISTE.

C'est tout examiné; tu es un brigand insigne. A un vol de cette importance, joindre le crime inouï, d'avoir menacé les jours d'un homme précieux à tout le monde savant, par ses travaux philosophiques!

GEORGES.

Malgré ses œuvres philosophiques, Monsieur, à ce que je vois, n'est pas philosophe!

D ij

LE NATURALISTE *en fureur*.

Malheureux! je ne suis pas philosophe!

GEORGES.

Si vous méritiez ce beau titre, Monsieur, vous ne m'imputeriez pas une action criminelle, avant d'être sûr que vous ne hasardez point une accusation mal fondée.

LE NATURALISTE.

Je ne suis pas philosophe! Messieurs, ce scélérat ne mérite point de grace.

LE BRIGADIER *vivement*.

Soyez tranquille, il sera traité comme il le mérite.

LE NATURALISTE.

Je ne peux m'arrêter davantage; il faut que je continue promptement ma route vers Paris. Adieu, Messieurs; recevez mes remercîmens... Je ne suis pas philosophe! m'insulter à ce point! je me repose sur vous, Messieurs, du soin de ma vengeance. Je ne suis pas philosophe! *Il sort.*

SCÈNE VII.

GEORGES, LE BRIGADIER, LES CAVALIERS.

LE BRIGADIER.

Quel est ton nom?

GEORGES.

Mathurin Georges Du Rocher.

LE BRIGADIER.

Où demeures-tu?

GEORGES.

Par-tout où le besoin, la fatigue, ou mon plaisir m'obligent de rester.

LE BRIGADIER.

C'est-à-dire que tu es sans domicile, sans aveu?

GEORGES.

Sans aveu! vous vous trompez, M. le Brigadier. [*Montrant son cœur.*] Il y a là une voix qui ne me désavoue jamais.

LE BRIGADIER.

[*Ironiquement.*] L'honnête homme! Qui es-tu?

GEORGES.

Citoyen du monde.

LE BRIGADIER.

Voilà un beau titre!

GEORGES.

C'est celui d'un homme qui voudroit que la raison, portant son flambeau d'un bout de la terre à l'autre, ne et bientôt de tout le genre humain qu'une seule et grande famille.

LE BRIGADIER.

Te moques-tu de moi, avec tes réponses singulières ? [*Vivement*] Que fait ton père ?

GEORGES.

Personne ne le sait, ni moi non plus.

LE BRIGADIER.

Tu ignores ce que fait ton père ?

GEORGES.

Tout ce que je peux dire de sa destinée présente, c'est que son corps aujourd'hui fertilise la terre que ses mains cultivoient autrefois.

LE BRIGADIER.

J'entends ; il est mort et enterré ?

GEORGES.

Vous l'avez dit. Mon père étoit un laboureur pauvre, mais estimé : il fut utile de son vivant, et, comme vous voyez, il l'est encore après sa mort.

LE BRIGADIER.

A l'entendre, qui ne croiroit que c'est la probité même ? Tu m'as l'air d'un maître scélérat !

GEORGES *vivement*.

M. le Brigadier, savez-vous que je me lasse de m'entendre prodiguer des noms odieux ? Pourquoi me traitez-vous de scélérat ? pourquoi prononcez-vous avant la loi ? Etes-vous son interprète ? vous a-t-elle chargé de rendre ses oracles ? J'ai grand tort de répondre à vos questions. Qu'on m'emmène tout-à-l'heure, et qu'on me mette en présence de la loi [*Très-vivement.*] C'est à la loi, à la loi seule, que je dois compte de mes actions, marchons.

Fin du second Acte.

ACTE III.

La décoration comme au premier Acte.

SCÈNE PREMIERE.

CHAMPAGNE, ROSETTE.

ROSETTE *sur le devant de la scène : elle vient de chez le Juge.*

Ce pauvre jeune homme ! traité indignement par madame Robert ! pris et mené comme un malfaiteur ! Cela m'a fait bien de la peine !

CHAMPAGNE *sur le seuil de sa porte.*
La voilà; c'est elle : c'est la charmante Rosette !
ROSETTE.
Je suis bien aise de m'être trouvée chez le juge quand on l'y a conduit.
CHAMPAGNE.
Elle jase toute seule.
ROSETTE.
Mon père et moi, nous avons parlé en sa faveur; mais sa franchise et son innocence ont bien mieux parlé que nous.
CHAMPAGNE.
Écoutons ce qu'elle dit. [*Il s'avance.*]
ROSETTE.
Il a l'air si honnête, si intéressant !
CHAMPAGNE.
C'est sûrement de moi qu'elle parle.
ROSETTE.
La douceur et la bonté se peignent si naturellement sur tous les traits de son visage !
CHAMPAGNE.
Allons, elle commence à sentir ce que je vaux.
ROSETTE.
Il venoit pour demeurer ici : [*tristement.*] il n'y veut plus rester.
CHAMPAGNE *avec surprise.*
Qu'est-ce qu'elle dit ?
ROSETTE.
Il partira [*Bien tristement.*] J'en suis fâchée... On ne le reverra peut-être jamais.
CHAMPAGNE *étonné.*
On ne me reverra jamais.
ROSETTE.
Je sens couler mes larmes.
CHAMPAGNE.
La pauvre petite ! c'est quelque conte qu'on lui aura fait. [*Haut et vivement.*] Non, mameselle Rosette, non je ne pars point.
ROSETTE *surprise.*
Ah ! vous êtes-là, M. Champagne !
CHAMPAGNE
Il n'y a que quinze jours que j'habite ce village, et vous voulez que je parte déjà ?

ROSETTE.

Moi ! je ne veux rien du tout. Restez ou partez, vous en êtes le maître.

CHAMPAGNE.

Belle Rosette, pourquoi dissimuler ? Vous seriez bien fâchée que je prisse ce dernier parti !

ROSETTE *avec une grande révérence.*

Oh ! mon dieu non, en vérité !

CHAMPAGNE.

Elle m'aime ; j'ai surpris son secret, et ça joue l'indifférente.

ROSETTE.

Il est fou.

CHAMPAGNE.

Allons, soyez sincère une fois dans votre vie, toute femme que vous êtes. Avouez-moi que vous mourez d'envie d'être madame Champagne... Venez, venez embrasser votre petit mari [*Il met le doigt sur son front.*]

ROSETTE.

Cela ne presse point.

CHAMPAGNE.

Si fait, si fait ; je lis dans vos yeux, moi, que vous êtes pressée. Avancez : voulez-vous bien avancer, mameselle ?

ROSETTE.

Je n'ai pas le tems.

CHAMPAGNE *contrefaisant la voix de Rosette.*

Pourquoi n'avez-vous pas le tems, s'il vous plaît ?

ROSETTE.

Mon père m'envoye en commission dans le village, il faut que j'y aille tout de suite.

CHAMPAGNE.

Où est-il, votre père ?

ROSETTE.

Chez le juge avec ce jeune étranger. [*Revenant sur ses pas.*] Il est bien aimable celui-là, M. Champagne !... [*Elle s'enfuit.*]

CHAMPAGNE.

Qui ? quel étranger. Ecoutez donc..

SCÈNE II.

CHAMPAGNE, *seul.*

C'est quelque chose de bien bisarre, que le sexe ! ça aime mieux sécher sur pied, que de dire franchement ce que cela a dans l'ame.

SCÈNE III.
CHAMPAGNE, GUILLOT.
GUILLOT.

Not' maître, ce monsieur dont le cheval est mort sur la route, vous demande.

CHAMPAGNE.

J'y vais. Lui a-t-on servi ce qu'il a commandé?

GUILLOT.

Oui, not' maître.

CHAMPAGNE.

A propos, as-tu fermé la porte?

GUILLOT.

Quelle porte?

CHAMPAGNE.

Imbécille! parbleu! la porte par où ce voyageur est entré, celle qui donne sur le grand chemin.

GUILLOT.

Pardine, je ne l'ons pas oublié.

CHAMPAGNE.

A la bonne heure; car c'est essentiel, ça! [*Ils rentrent tous les deux.*]

SCÈNE IV.
GEORGES, DU TAILLIS.
DU TAILLIS.

MALGRÉ votre innocence, c'est bien heureux que les deux coquins que j'ai fait prendre aient été convaincus de plusieurs crimes, et se soient vu perdus sans ressource!

GEORGES.

Assurément. Sans cela, ils ne se seroient pas déclarés les auteurs du vol de la valise.

DU TAILLIS.

Oh! je vous en réponds! Ils l'avoient laissée au pied de l'arbre où vous l'avez trouvée, en voyant que nous étions à leurs trousses. Mais c'est fini, grace au ciel-Vous me paroissez un brave jeune homme: parlons un peu de vos petites affaires. Etes-vous né dans ce village?

GEORGES.

Non; c'est au village des Murs, distance d'une lieue de cet endroit, que j'ai reçu le jour.

DU TAILLIS.

Je connois ça: y possédez-vous quelque bien?

GEORGES.

GEORGES.

Il n'y a pas sur la terre un pied quarré qui m'appartienne.

DU TAILLIS.

Vous avez des parens dans le canton?

GEORGES.

Non. Les auteurs de mes jours sont morts depuis fort long-tems. J'avois aussi un oncle, frère de mon père ; j'étois au berceau quand il quitta notre village : depuis, je ne sais ce qu'il est devenu.

DU TAILLIS.

Vous proposez-vous de rester dans ce pays?

GEORGES.

Je dois le fuir après ce qui vient de m'y arriver.

DU TAILLIS.

Où comptez-vous aller?

GEORGES.

Je ne sais. La société commence à me déplaire. J'ai parcouru plus de la moitié du globe ; j'ai vu qu'en tous lieux, le pauvre est sans famille, sans amis ; j'ai vu le mérite indigent placé sur la terre entre la prévention et le mépris, consumer stérilement sa vie dans le regret de sentir ses moyens, et de ne pouvoir les appliquer au bonheur de ses semblables.

DU TAILLIS.

Vous avez raison ; mais où diable aller pour ne rien voir de tout cela?

GEORGES.

Dans quelque réduit bien éloigné de la demeure des hommes.

DU TAILLIS.

Quoi! vous iriez vivre comme un hermite au fond d'un désert?

GEORGES.

Entre nous, c'est mon projet. Irai-je dans une société qui, rejettant mes talens et mes services parce qu'ils ne seroient pas étayés de l'intrigue, réduiroit mon existence à une sorte de néant? Non. C'est un parti pris. Une grotte obscure et profonde sera désormais ma retraite.

DU TAILLIS.

Comment vivrez-vous dans une grotte au milieu des bois?

GEORGES.

La terre me nourrira ; par-tout elle nourrit ses enfans.

DU TAILLIS.

Et l'entretien?

GEORGES.

La mousse des arbres, leur écorce et leurs feuilles me fourniront des vêtemens de toutes les saisons.

DU TAILLIS.

On vous prendra pour un ours.

GEORGES.

Qu'importe de ressembler à un ours par ses habits, pourvu qu'on soit un homme par le cœur.

DU TAILLIS.

A quoi vous occuperez-vous dans la solitude?

GEORGES.

J'attendrai la mort à la fin de ma vie, comme un doux sommeil à la fin du jour.

DU TAILLIS.

Mais vous êtes jeune, et en attendant qu'elle vienne, c'te mort, que ferez-vous? car encore faut-il faire quelque chose.

GEORGES.

L'étude, ce charme consolateur de l'existence remplira tous mes instans.

DU TAILLIS.

Et si vous n'avez pas de livres pour étudier?

GEORGES.

N'aurai-je pas le grand livre de la nature? Je ne veux plus lire que dans celui-là. Nos livres nous trompent, parce qu'ils sont l'art des hommes ; mais la nature, qui est l'art de Dieu, ne nous trompe jamais.

DU TAILLIS.

C'est fort bien. Avec tout ça l'homme est fait pour vivre en compagnie. Si j'avois le tems, nous causerions de ça plus longuement... Ecoutez, avez-vous de l'argent pour faire route?

GEORGES.

Je vous l'ai dit : je ferai en sorte que ce métal me soit inutile.

DU TAILLIS.

Votre projet n'est pas praticable. Répondez avec franchise : avez-vous de l'argent?

GEORGES.

Pas une obole.

DU TAILLIS.

(A part.) Je n'ai jamais senti comme aujourd'hui le

malheur d'être pauvre. (*Haut.*) Il faut que je vous quitte ; j'ai affaire ; mais avant de m'en aller... tenez, j'ai encore là un écu. (*Il tire une pièce de trois livres mêlée avec des balles, des chiffons et de vieilles bourres à fusil noircies par la poudre.*)

GEORGES *étonné.*

Que dites-vous ?

DU TAILLIS.

Je voudrois pouvoir vous offrir davantage ; mais ça vous conduira toujours un bout de chemin.

GEORGES *avec sensibilité.*

Monsieur du Taillis...

DU TAILLIS.

Prenez, prenez, c'est de bon cœur.

GEORGES.

Quoi ! vous vous priveriez pour moi, pour un inconnu !

DU TAILLIS.

Inconnu ! n'êtes-vous pas un homme ? un homme, quel qu'il soit, est mon frère ; et lorsqu'il est malheureux, je suis toujours son ami. (*Il lui présente l'écu.*) Tenez.

GEORGES.

Je n'accepterai pas.

DU TAILLIS *vivement.*

Vous n'accepterez pas ! Prenez cet écu, vous dis-je ; c'est le père du Taillis qui vous le donne.

GEORGES.

Homme généreux, je reçois votre bienfait ; car à la manière dont vous l'offrez, je sens bien qu'un refus vous causeroit un chagrin véritable.

DU TAILLIS *avec attendrissement.*

Adieu, mon ami.

GEORGES.

Adieu, M. du Taillis. Dites à votre fille, dites-lui bien que je me souviendrai toute la vie de Rosette et de son vertueux père.

DU TAILLIS *avec beaucoup d'attendrissement.*

Adieu... et sur toutes choses, n'allez pas vous faire hermite ! Tâchez plutôt de sortir de la détresse.. Tâchez.. tâchez de prospérer, vous le méritez ; je me connois en braves gens, moi ; oui, vous le méritez.. [*En s'en allant.*] Pauvre garçon ! je suis bien malheureux, d'être quasi aussi pauvre que lui !

SCÈNE V.
GEORGES, *seul*.

Je suis touché jusqu'aux larmes. Ce bon humain ! il n'a que cet écu peut-être, et il me force de l'accepter. Il n'y a donc que l'infortune elle-même qui daigne secourir et consoler l'infortune ! Que vois-je ! Rosette ! A son aspect j'éprouve une émotion...

SCÈNE VI.
GEORGES, ROSETTE.

GEORGES.

C'est la nature qui répand la fraîcheur sur les traits de son visage, et qui prête à sa démarche toutes les grâces qu'on y apperçoit.. [*Il va au-devant d'elle.*] Je pensois à vous, belle Rosette ; je sentois vivement le regret de m'éloigner de vous pour toujours.

ROSETTE.

Pour toujours ! quoi ! vous vous en allez pour toujours ?

GEORGES.

Hélas ! oui.

ROSETTE.

Vous avez tort ; il ne faut pas vous en aller. Il n'y a jamais trop d'honnêtes gens dans un pays.

GEORGES.

L'intérêt que vous me témoignez, est bien fait pour me retenir ; mais je craindrois de vous voir trop souvent.

ROSETTE.

Pourquoi ?

GEORGES.

C'est que vous êtes trop aimable. On n'est pas maître de son cœur ; et.. vous avez un amant sans doute ?

ROSETTE.

Oh ! non. je vous assure ! M. Champagne, l'aubergiste de là devant, me fait bien la cour ; mais ce n'est pas un amant, que M. Champagne !

GEORGES.

Il veut vous épouser ?

ROSETTE.

Oui, mais je ne le veux pas, moi. Je n'aimerois jamais un pareil mari.

GEORGES.

Et votre père ?

ROSETTE.

Mon père me laisse maîtresse de mon choix. Il dit seulement que je ne serois point mal de consentir à ce mariage, parce que nous sommes pauvres, et que M. Champagne a un peu de bien.

GEORGES.

C'est qu'il prévoit l'avenir, M. du Taillis, et il a raison.

ROSETTE *le fixant à demi.*

Oh! le bien ne me touche pas, moi! Je desirerois seulement que mon mari eut..

GEORGES *vivement.*

Le don de vous plaire, n'est-ce pas?

ROSETTE.

Tout juste.

GEORGES.

Et puis....

ROSETTE.

Et puis, je desirerois qu'il eût beaucoup de bonté; beaucoup...

GEORGES.

Beaucoup d'amour, n'est-il pas vrai?

ROSETTE.

Oh! oui; je voudrois qu'il m'aimât comme je me sens capable de l'aimer.

GEORGES.

Vous le chéririez donc bien, votre époux?

ROSETTE *vivement.*

De toute mon ame.

GEORGES.

Elle m'enchante! [*Haut.*] Est-ce-là tout ce que vous exigeriez d'un mari?

ROSETTE.

Assurément: qu'exiger davantage?

GEORGES.

Mais s'il n'avoit rien?

ROSETTE.

S'il n'avoit rien, il seroit comme moi; nous n'aurions pas de reproches à nous faire.

GEORGES.

Mais enfin, deux indigens, deux malheureux ensemble!

ROSETTE.

Eh bien! deux malheureux sont comme deux arbrisseaux foibles, qui, placés l'un près de l'autre, sont plus en état de résister à l'orage!

SCÈNE VII.
GEORGES, CHAMPAGNE, ROSETTE.

GEORGES à part.

Plus je l'etends, plus elle fait d'impression sur mon cœur !

CHAMPAGNE, *sortant de chez lui*.

Voilà donc c'te petite capricieuse, qui ne daigne pas m'écouter, quand j'ai la bonté de lui adresser la parole, et qui s'amuse là complaisamment à jaser avec un je ne sais qui ?

ROSETTE.

Qu'est-ce que vous dites, M. Champagne ?

CHAMPAGNE.

N'avez-vous pas de honte d'être en telle compagnie ? J'en dirai deux mots à votre père.

ROSETTE.

Mon père apprendra sans peine que je causois avec ce jeune homme dont il connoît les bons sentimens.

CHAMPAGNE.

Les bons sentimens d'un vagabond, à qui j'ai fermé ma porte hier au soir !

ROSETTE, *vivement*.

Vous avez fermé votre porte à monsieur ? C'est fort mal fait à vous !

CHAMPAGNE.

En vérité ! falloit-il que je logeasse un monsieur qui vouloit adroitement et sans bourse délier, prendre chez moi son souper et son gîte ?

ROSETTE, *à part*.

Le méchant homme !

CHAMPAGNE.

Retournez chez vous, mademoiselle, je vous l'ordonne.

ROSETTE.

Voilà un ordre qui ne me donne que l'envie d'en rire.

CHAMPAGNE.

Ma recherche est agréée du père du Taillis ; je suis votre futur époux, par conséquent votre maître ; obéissez.

ROSETTE.

Vous, mon époux ! vous, mon maître ! rayez cela de vos papiers, s'il vous plaît !

CHAMPAGNE.

Pas plus tard que demain : oui, demain. En attendant, mademoiselle, rentrez au logis. (*Il la prend par le bras.*)

ROSETTE, *avec fierté.*

Doucement, M. Champagne!

GEORGES, *se mettant entre les deux et l'arrêtant.*

Monsieur!...

CHAMPAGNE, *brusquement.*

Ce ne sont pas vos affaires. Marchez, mademoiselle, sur-le-champ.

GEORGES.

Monsieur, je suis ordinairement fort modéré.

CHAMPAGNE, *brusquement.*

Oh! je vous conseillerois d'être autrement!

GEORGES.

Mais comme il arrive par fois de trouver en son chemin des gens mal appris qui ont besoin de certaines leçons... (*Il le prend d'une main vigoureuse, et le fait reculer en le serrant.*)

CHAMPAGNE, *déconcerté.*

Monsieur, un moment! Savez-vous qui je suis?

GEORGES.

Je vois que vous n'êtes pas un homme poli.

CHAMPAGNE.

Savez-vous que j'ai été le chef de cuisine d'un colonel de housards?

GEORGES.

C'est possible.

CHAMPAGNE.

Savez-vous que j'ai vu soixante-dix-huit combats?

GEORGES, *d'un ton badin.*

Par une lucarne!

CHAMPAGNE.

Que j'ai tué de ma propre main des Prussiens, des Hongrois, des Hanovriens et des Catalans? [*Il fait un geste menaçant.*]

GEORGES, *le tenant toujours d'un poignet vigoureux.*

Moi, je ne tue pas les gens; je leur enseigne à vivre. [*Le conduisant vers sa porte.*] N'est-ce pas là votre demeure?

CHAMPAGNE.

[*D'un ton radouci.*] Oui, c'est-là ma demeure. [*Reprenant le ton insolent.*] Ignorez-vous que j'ai chez moi le sabre de mon maître, et qu'il a le fil?

GEORGES.

Malgré tout l'usage que vous en avez fait, allez voir s'il est toujours à la même place. [*Il le pousse.*]

CHAMPAGNE.

Monsieur !

GEORGES.

Allez, allez, (*Il le fait reculer jusqu'auprès de sa porte.*)

CHAMPAGNE, *sur le seuil de sa porte.*

Nous nous retrouverons. (*Il fait le geste d'un homme qui se bat.*) L'épée, le fusil, le canon, tout m'est égal. Oh ! nous nous retrouverons, nous nous.....[*Georges s'avance d'un air courroucé.*]

CHAMPAGNE.

Je ne crains personne ! [*Il rentre et ferme brusquement sa porte. En dedans de sa maison et fort haut.*] Je ne crains personne !

SCÈNE VIII.
GEORGES, ROSETTE.

GEORGES.

Je vois présentement, belle Rosette, que ce n'est point là le mari qu'il vous faut.

ROSETTE.

Oh ! non certainement ! c'est un vieux bourru, un vilain homme. Je vais prier mon père de lui signifier une fois pour toutes, qu'il n'ait plus à me parler de ses prétentions. [*Revenant sur ses pas avec une bonté ingénue.*] Vous... vous ne vous en irez pas ?... Vous ne répondez rien... Comme vous avez l'air triste ! C'est pourtant une bien mauvaise chose, que la tristesse !

GEORGES, *en souriant.*

Vous avez raison. C'est la première fois de ma vie qu'il m'arrive de m'y livrer.

ROSETTE, *tristement.*

Et c'est avec moi que vous commencez d'avoir du chagrin ? en serois-je la cause ?

GEORGES.

Oui, je ne vous le cache pas.

ROSETTE, *très-étonnée.*

Je suis cause, moi, de votre tristesse? [*D'un air bien chagrin.*] Et qu'ai-je fait qui puisse vous affliger ?

GEORGES, *avec une vivacité bien tendre.*

Oh ! rien que de vous montrer trop digne d'être adorée!

ROSETTE.

Ne soyez plus comme cela, je vous prie. Quand je vois

vois qu'on est triste, je le deviens aussi ; et ça me fait pleurer. [*Du ton de la plus aimable sensibilité.*] Vous promettez de rester ?... oh ! oui, vous me le promettez. Je vois cela dans vos yeux. Sans adieu, M. Georges. [*Elle fait la révérence, et sort.*]

SCÈNE IX.

GEORGES, *seul.*

Cette enfant rendroit fou le plus sage des hommes ! Je l'aime passionnément ; je ne saurois me le dissimuler ; si je la demandois à son père ? mais elle est pauvre, et l'affreuse détresse est mon partage... Fuyons. [*Il fait quelques pas.*] Je me sens retenu par une force invincible... Je suis agité, oppressé... je ne me conçois plus... Hier, je surmonte une passion de dix ans ; aujourd'hui, je ne saurois vaincre une passion d'un jour. Ah ! ma philosophie m'abandonne !

SCÈNE X.

GEORGES, M. DUPRÉ, LE BRIGADIER, UN CAVALIER.

LE BRIGADIER, *parlant à M. Dupré dans le fond du théâtre, lui montrant Georges.*

Oui, le voilà, c'est lui-même ! Je vous en réponds, M. le notaire ! c'est lui !

M. DUPRÉ.

Bon. [*Il s'avance ; les cavaliers le suivent. S'adressant à Georges.*] C'est vous, monsieur, qu'on a mené chez le Juge criminel, où une méprise fâcheuse vous a mis dans la nécessité de décliner votre nom ?

GEORGES.

Oui, monsieur. [*à part.*] Encore quelque nouvelle infortune !

M. DUPRÉ.

Je vous cherche depuis ce matin.

GEORGES.

Je ne me suis pourtant pas écarté de ces lieux.

M. DUPRÉ.

Je suis le notaire de ce village. Hier, vers la fin du jour, un étranger assez mal vêtu se présente chez moi : » Monsieur, me dit-il brusquement, en me remettant » une petite cassette qu'il tenoit à la main, comme » l'on m'assure que vous êtes honnête homme, je vous » remets en dépôt cinq cents mille livres, dont je me

» suis chargé à Marseille, pour le fils d'un laboureur
» qui revient d'un long voyage, et qui doit être ici. S'il
» n'y est pas, il doit s'y rendre incessamment. On le
» nomme Mathurin-Georges du Rocher, né au village
» des Murs, voisin de celui-ci. »

GEORGES.

C'est mon nom, le lieu de ma naissance!

M. DUPRÉ.

Monsieur, ai-je demandé à cet inconnu, d'où vient
cet argent? « C'est mon secret, m'a-t-il répondu. Don-
» nez-moi votre reconnoissance, et remettez prompte-
» ment à sa destination le dépôt que je vous confie ». A
peine avois-je souscrit à ce qu'il exigeoit de moi, qu'il a
remonté sur son cheval, et s'est éloigné au grand galop.

GEORGES.

Eh bien, monsieur?

M. DUPRÉ.

Ce matin, je me suis transporté audit village des
Murs. Le résultat de mes informations a été d'appren-
dre qu'en effet on y avoit connu un jeune homme de
ce nom ; mais que depuis plusieurs années on n'en avoit
aucune nouvelle.

GEORGES.

C'est de moi que l'on vous a parlé, monsieur.

M. DUPRÉ.

Je le sais : voici comment. Embarrassé d'un dépôt de
cette importance, je suis revenu chez le Juge pour le
consulter. (C'est le même devant lequel vous avez com-
paru.) Frappé de votre nom, possesseur de vos papiers,
il en a fait un nouvel examen; vous êtes Mathurin-Georges du Rocher, du village des Murs ; en conséquence,
c'est à vous que je dois remettre les cinq cents mille
livres.

GEORGES.

Cinq cents mille livres à moi !

M. DUPRÉ.

Oui, monsieur ; ils sont chez moi.

GEORGES.

Mais, monsieur, l'étranger de qui vous tenez cet argent, quel homme étoit-ce?

M. DUPRÉ.

Suivant le rapport de M. le Brigadier que voilà, c'est
le même qui vous a cru l'auteur du vol de sa valise.

GEORGES *encore plus étonné.*

C'est cet homme qui a déposé chez vous cinq cents
mille livres pour moi.

M. Dupré.

Lui-même : le connoissez-vous ?

Georges.

Puisqu'il m'a pris pour un voleur, nous ne nous connoissions sûrement pas.

M. Dupré.

Tous les jours on est chargé d'un dépôt pour des personnes qu'on n'a jamais vues. Le Juge m'autorise à me dessaisir de la cassette entre vos mains. Je demeure à deux pas ; venez, monsieur, je vais vous la remettre... Je me félicite d'avoir été le dépositaire d'un bien qui, si c'est un don, paroit celui d'une bienfaisance éclairée ; puisqu'il ne pouvoit, à en juger par les apparences, tomber en de meilleures mains que les vôtres. Venez, monsieur... Vous balancez ?

Georges.

Mais de bonne-foi, puis-je croire à cette faveur excessive de la fortune ?

M. Dupré.

Monsieur, la fortune vient souvent lorsqu'elle est le moins attendue. Elle vous comble de ses bienfaits, profitez-en. Allons, venez. (*Il l'entraine; ils sortent.*)

SCÈNE XI.
LE BRIGADIER, LE CAVALIER.

Le Cavalier.

Ce que c'est que le bonheur !

Le Brigadier.

J'ai bien vu tout de suite, moi, que ce voleur n'étoit pas un voleur comme un autre.

Le Cavalier, *riant*.

La fortune n'aura point pour nous de ces faveurs-là !

Le Brigadier.

Que nous importe ?

Le Cavalier.

Cependant nous rendons à la société des services, qui ne sauroient, je crois, se payer trop chèrement.

Le Brigadier.

Il est vrai que pendant que les citoyens dorment, nous veillons, nous.

Le Cavalier.

Parbleu ! ils nous doivent leur repos, la conservation de leurs propriétés. Pour ma part, j'ai purgé le pays de deux cents brigands au moins.

LE BRIGADIER.

Moi, j'en ai capturé plus de mille.

LE CAVALIER, *riant.*

On devroit bien nous gratifier aussi de quelques cents mille livres, n'est-ce pas, camarade?

LE BRIGADIER.

Pourquoi? nous avons le plaisir d'être utiles aux gens de bien, de servir nos parens, nos amis, ne sommes-nous pas assez payés?

LE CAVALIER.

Oh j'en conviens.

LE BRIGADIER.

D'ailleurs n'avons-nous pas des appointemens, une retraite? ah! voici notre jeune homme.

SCÈNE XII.

LE BRIGADIER, LE CAVALIER, GEORGES.

LE BRIGADIER.

Soyons justes; il a l'air honnête, celui-là: je pense qu'il fera un bon usage de son bien. [*Parlant à Georges en ôtant son chapeau, et d'un air très-poli.*] Excusez, monsieur, si ce matin nous...

GEORGES.

Vous avez fait votre devoir, messieurs; vous ne me connoissiez pas.

LE BRIGADIER.

Voici un beau jour pour vous, monsieur! si je puis vous être de quelque utilité dans mon état, ne m'épargnez point, je vous en prie! je suis tout à votre service.

GEORGES.

Je vous remercie de tout mon cœur: mais je tâcherai, monsieur, de n'avoir pas besoin de vos services. [*Le Brigadier salue Georges, et sort avec le Cavalier.*]

SCÈNE XIII.

GEORGES *seul, tenant la cassette.*

Il y a bien là-dedans cinquante mille francs en or, et cent cinquante mille écus en bon papier! La moitié d'un million, à moi qui n'avois pas hier de quoi souper! [*Avec transport.*] Quel bonheur.. [*Avec réflexion.*] Mais une grande fortune doit-elle causer une grande joie à celui qui se pique de quelque sagesse? [*Avec attendrissement.*] Eh pourquoi non? Un sage peut se réjouir d'avoir des richesses, puisqu'avec des richesses on

peut arracher des victimes à l'adversité ! [*Vivement.*]
Je ferai bâtir une maison hospitalière ici, oui, là; et
tous ceux qui sont pauvres et malheureux comme je le
fus, y trouveront un asyle et des secours. Comme tout
s'enchaine dans la vie ! et comme les plus grands maux
sont, par fois, la source des plus grands biens ! Si j'avois
passé la nuit dans une bonne auberge, au lieu de coucher sous un arbre dans la forêt; si des voleurs n'y
avoient pas laissé une valise; si je ne l'avois pas trouvée; si je ne m'avois pas été accusé et conduit chez le
Juge, il n'eût pas su mon nom; je serois parti d'un pays
où je croyois n'avoir plus rien à prétendre, et le
notaire n'auroit su à qui remettre le dépôt.. Mais quelle
main libérale peut m'adresser un si magnifique présent ? C'est un mystère... incompréhensible. N'importe;
la chose existe, profitons-en. Volons chez le père du
Taillis. Ah! j'y suis appelé par la reconnoissance, et
par un autre sentiment non moins délicieux, [*avec force*] dont rien à présent ne m'empêche de goûter toute
la douceur.

Fin du troisième Acte.

ACTE IV.
SCÈNE PREMIÈRE.
GEORGES *seul.*

LE pere du Taillis et sa fille ne sont point chez eux.
Oh ils ne peuvent tarder à rentrer dans leur logis...
Mon argent est en sûreté; je viens de le déposer chez le
notaire... J'ai eu soin de mettre quelques pièces d'or dans
ma poche. A présent, mon affaire la plus urgente est, je
crois, de me dédommager un peu du jeûne austère que
je fais depuis quelques jours. Et puis, je veux régaler
Rosette et son pere; et le brave Notaire, je ne prétends
pas l'oublier. Commandons un bon repas. Cette auberge est celle où M. Champagne, mon rival, refusa de me
donner à souper hier au soir: aujourd'hui peut-être y
serai-je mieux accueilli. [*Il frappe.*]

SCÈNE II.
GEORGES, CHAMPAGNE.
(*Georges frappe fort.*)

CHAMPAGNE *en dedans.*

On y va... Un moment. [*Il paroit.*] Comme diable vous frappez!... Eh! encore ce maudit homme! Venez-vous m'insulter jusque chez moi?

GEORGES.

Je n'ai garde : vous avez chez vous un grand sabre qui tient les gens dans le respect. Je viens au contraire vous faire ma cour; c'est-à-dire vous commander un festin.

CHAMPAGNE.

Un festin! [*Il rit.*] Ha, ha, ha!... et c'est vous qui payez?

GEORGES.

Oui, M. l'Aubergiste; ce sera moi qui vous payerai.

CHAMPAGNE.

Avec un bon sur les brouillards de nos prés, n'est-ce pas M. l'aventurier? S'il vous plaisoit de passer votre chemin?

GEORGES *à part.*

Voilà un homme bien intraitable!

CHAMPAGNE.

Ne vous ai-je pas dit assez clairement que je ne fais point de crédit?

GEORGES.

Vous êtes, je le vois, de ces machines qu'on ne fait mouvoir qu'avec de l'or ou de l'argent; eh bien, voilà de l'or. [*Il lui montre une poignée de pièces d'or qu'il tire de sa poche.*] Croyez-vous qu'il y en ait assez pour répondre du meilleur repas qui puisse sortir de votre cuisine?

CHAMPAGNE *tout ébahi.*

O bon dieu! bon dieu! [*Il ôte son bonnet, salue Georges et l'argent tour-à-tour.*]

GEORGES *à part.*

Comme le seul éclat des espèces vous transforme certaines gens!

CHAMPAGNE.

Monsieur... excusez... Si j'avois su..

GEORGES *remettant les pièces d'or dans sa poche.*

Si vous aviez su que j'étois riche, vous eussiez été poli jusqu'à la bassesse, n'est-ce pas? Vous m'avez cru pauvre; vous avez été malhonnête jusqu'à l'insolence.

CHAMPAGNE.

Dame, monsieur, c'est que... on ne connoît pas... Monsieur est mis si simplement!

GEORGES.

Oui, la mise en impose toujours à une espèce de gens qui ne savent honorer que l'enseigne de l'opulence; comme s'il n'étoit pas ordinaire que l'honnête homme se montrât sous un habit commun, tandis que le fripon, fort souvent, se cache sous un surtout doré!

CHAMPAGNE *tenant toujours son bonnet, et faisant toujours des révérences.*

Monsieur a bien raison. Je suis bien fâché...

GEORGES.

Laissez vos révérences et vos excuses; elles m'humilient pour vous. Songez à m'apprêter un bon repas.

CHAMPAGNE.

Monsieur n'a qu'à ordonner; tout ce que j'ai est au service de monsieur.

GEORGES.

Je compte sur plusieurs convives.

CHAMPAGNE.

Ma cuisine n'est pas très-garnie dans ce moment-ci, mais il me vient une bonne idée. M. Dupré le notaire donne un grand dîner demain, jour de sa fête; il ne consommera sûrement pas toutes ses provisions; je vais le prier de m'en céder quelques-unes.

GEORGES.

Allez où il vous plaira, pourvu que vous me serviez promptement.

CHAMPAGNE.

Je ferai ensorte que M. soit satisfait. [*A part.*] Où avois-je donc les yeux, de l'avoir pris pour un malheureux? Un homme riche se devine pourtant! [*En s'en allant.*] L'honneur de votre protection, monsieur.

SCÈNE III.

GEORGES *seul.*

C'est une chose étonnante et triste à-la-fois, que cet ascendant si prompt et si sûr, qu'avec de l'or on exerce sur la plupart des hommes! Avec une raison supérieure et des vertus sublimes, à peine, dans l'espace d'un siécle, en obtenez-vous quelque chose!

SCÈNE IV.
DU TAILLIS, GEORGES.
DU TAILLIS.

Eh! vous êtes encore ici, vous? tant mieux. J'ai à vous parler. Savez-vous bien que vous plaisez beaucoup à ma fille?

GEORGES *étonné*.

Quoi! je serois assez heureux!...

DU TAILLIS.

Depuis ce matin, mes oreilles sont rebattues de votre nom. M. Georges par-ci, M. Georges par-là. Il est bien aimable, ce M. Georges! n'est-ce pas, mon pere? Il auroit bien tort de s'en aller, pas vrai mon pere? Et puis d'être triste, et puis de cacher des larmes qui lui tombent des yeux. C'est le premier chagrin que je vois à mon enfant; et, à vous dire vrai, ça me tracasse. Écoutez, M. Georges, je n'y vais pas par deux chemins. Je suis franc, répondez-moi: chassez-vous?

GEORGES.

Si je chasse?

DU TAILLIS.

Je ne demande pas que vous tiriez comme moi, qui abattrois une noisette dans un buisson, sans toucher aux feuilles; mais vous croyez-vous en état de tuer proprement vos deux perdrix au vol?

GEORGES.

J'ai chassé quelque fois dans ma premiere jeunesse, mais le but où je visois étoit toujours la place où le gibier se trouvoit le plus en sûreté.

DU TAILLIS.

J'en suis fâché. Ma fille vous aime, pas de doute à ça. Vous êtes pauvre; mais je vous crois un bon garçon. Si vous étiez un peu familier avec le fusil, je vous donnerois Rosette avec la survivance de ma place, et d'avance vous en partageriez les profits.

GEORGES, *à part*.

L'excellent homme!

DU TAILLIS.

On ne s'enrichit pas au métier que je fais; mais on vit. Et puis la considération....garde de la forêt de Frinville! c'est un état!

GEORGES.

M. du Taillis, je mériterai, si je peux, l'amitié particulière

ticulière que vous me témoignez : en attendant je dois vous prévenir qu'on a commandé un festin dans cette auberge, et que vous êtes priés d'en être les convives, vous et votre fille.

DU TAILLIS *étonné*.

On m'invite à un repas, moi ! qui donc ?

GEORGES.

Quelqu'un qui a beaucoup de choses à vous dire.

DU TAILLIS.

Et c'est à table qu'il veut me conter tout ça ? Il me prend par mon fort. Il a raison, on parle mieux en buvant un coup. Quel est cet honnête homme ?

GEORGES.

Vous le saurez ce soir ; allez, je vous prie, avertir votre fille, et revenez ici promptement tous les deux.

DU TAILLIS.

C'est singulier ça ! Vous y serez à ce repas ?

GEORGES.

Assurément. Je suis chargé d'en faire les honneurs.

DU TAILLIS.

A la bonne heure. Un souper ne se refuse pas... Mais d'où diable ? Oh ! c'est sûrement quelque ami qui passe et qui veut me régaler ! Je m'en vais, je m'en vais chercher Rosette : elle est à deux pas, je reviens dans l'instant. Sans adieu, l'ami. [*Il sort en courant et d'un air bien joyeux.*]

SCÈNE V.

GEORGES *seul*.

JE vois donc s'accomplir en un seul jour, tous les vœux que j'ai formés dans vingt ans d'existence ! j'aime un objet digne de ma tendresse, et j'ai lieu de croire que j'en suis véritablement aimé. Je peux lui procurer l'aisance et le bonheur ; je peux...

SCÈNE VI.

GEORGES, MAD. ROBERT.

GEORGES.

MAIS j'apperçois madame Robert ! j'en suis bien aise. Elle approche ; observons un peu l'effet que produira sur elle mon changement de fortune.

Mad. ROBERT *appercevant Georges*.

[*A part.*] Encore ce Georges ! quelle fâcheuse rencontre

GEORGES.

Votre serviteur, madame Robert.

Mad. ROBERT *sèchement*.

Votre servante, monsieur.

GEORGES.

Vous avez l'air fâché.

Mad. ROBERT.

Que vous importe mon air ?

GEORGES.

Il m'importe que vous ne me fassiez point mauvaise mine. [*Elle veut s'en aller. Il l'arrête.*] Quoi ! déjà vous me privez du plaisir de vous voir ! Ne vous en allez pas.

Mad. ROBERT *avec impatience*.

J'ai bien le tems de rester !

GEORGES.

Un moment !

Mad. ROBERT *toujours avec impatience*.

Eh bien, qu'est-ce qu'il y a ? que me voulez-vous ?

SCÈNE VII.

GEORGES, Mad. ROBERT, DU TAILLIS, ROSETTE.

GEORGES *avec force, appercevant du Taillis et sa fille*.

Venez, M. du Taillis; et vous, belle Rosette, approchez. Il est tems que tout le monde ici connoisse l'état de ma fortune. Je déclare donc que je suis possesseur de cinq cents mille livres.

Mad. ROBERT.

(*A part, avec le plus grand étonnement.*) Cinq cents mille livres !.. (*Haut.*) Vous possédez cinq cents mille livres, vous, monsieur ?

GEORGES.

Oui, madame Robert.

Mad. ROBERT *à part*.

Ciel ! auroit-il voulu m'éprouver ?

DU TAILLIS *très-étonné*

Tout de bon ! vous avez tant de bien que ça ?

GEORGES.

Oui, M. du Taillis. J'ai cinq cents mille livres, tant en bons billets qu'en belles espèces.

Mad. ROBERT *vivement*.

Eh ! où est elle, où est elle donc, cette somme de cinq cents mille francs ?

GEORGES.
Chez le notaire du lieu, que j'ai prié d'en être un moment le dépositaire.

Mad. ROBERT *vivement*.
Chez M. Dupré?

GEORGES.
Chez M. Dupré.

Mad. ROBERT *à part*.
Malheureuse! qu'as-tu fait?

DU TAILLIS *en riant*.
C'étoit donc pour rire que vous faisiez le pauvre ce matin?

Mad. ROBERT *en criant*.
Revenir avec un demi-million! et se dire dénué de tout!

DU TAILLIS *en riant à gorge déployée*.
C'est une grande perfidie!

Mad. ROBERT.
(*A part.*) Tâchons de réparer notre sottise. (*Haut*) Convenez, M. Georges, que la fantaisie de m'éprouver vous a passé par la tête. Eh bien, tenez, je vous l'avouerai, j'ai eu le même dessein.

GEORGES.
Vous madame Robert?

Mad. ROBERT.
L'accueil qu'hier je vous ai fait, n'étoit qu'un jeu dont l'idée m'est venue tout d'un coup.

GEORGES *en souriant*.
Un jeu?

Mad. ROBERT.
Je me suis renfermée brusquement dans ma maison, pour voir si votre amour résisteroit à cette épreuve.

GEORGES *avec sensibilité*.
Laisser un amant dans la rue!

DU TAILLIS *vivement*.
La nuit!

GEORGES.
Pour l'éprouver!

DU TAILLIS *en colère, et vivement*.
Après huit ans d'absence!

GEORGES *riant*.
L'épreuve est nouvelle.

Mad. ROBERT.
Déplacée peut-être. Je m'en suis repentie sur-le-champ, je ne le cache pas. J'aurois voulu vous revoir, vous rappeler.

Gij

GEORGES *riant*.

En effet, le ton que vous preniez tout-à-l'heure encore, prouve que vous aviez fort envie de me rappeler.

Mad. ROBERT.

C'étoit.. Que vous dirai-je ?

DU TAILLIS *en étouffant de rire*.

Voilà le difficile !

Mad. ROBERT.

C'étoit contrainte...embarras de parler la première.... Mais tout en ayant l'air de vous fuir, je vous cherchois.

DU TAILLIS *à part*.

L'effrontée menteuse !

Mad. ROBERT.

Oui, soyez-en sûr, je vous cherchois ; je songeois à réparer mes torts de manière à vous en faire perdre le souvenir, lorsque...

GEORGES, *l'interrompant très-fermement*.

Il suffit, Madame Robert. N'ayant pas, comme vous, le talent de feindre, je vais, en deux mots, vous faire connoître mes vrais sentimens. Si je vous laissois développer le petit plan de séduction qu'en ce moment vous arrangez dans votre tête, je vous verrois, oubliant l'orgueil de votre sexe, recourir aux protestations, aux prières, aux larmes peut-être, pour me convaincre de votre tendresse, qui ne seroit, au fond, que l'amour passionné qui déjà vous enflamme pour mon trésor. Je vous sauve cette humiliation, madame, en vous déclarant que vos efforts seroient inutiles. Mon cœur, que vous m'avez forcé de reprendre, ne vous appartient plus. Voilà celle à qui je l'ai donné pour toujours. Puisse-t-elle en agréer l'hommage ! et consentir, sous le bon plaisir de M. du Taillis, qu'à ce don, le plus précieux que je puisse lui offrir, je joigne celui de ma fortune et de ma main !

ROSETTE *à part*.

Qu'entends-je ?

DU TAILLIS.

Tout de bon ! vous épouseriez ma fille, qui n'a rien, riche comme vous êtes ?

GEORGES.

Riche ! ah ! je ne le serai qu'alors que je pourrai dire : Je possède le cœur et la main de Rosette.

DU TAILLIS.

Oh ! vous pouvez le dire d'avance : je réponds de

son consentement comme du mien. [*Georges lui serre la main d'un air pénétré.*]

Mad. ROBERT.

J'étouffe.

GEORGES.

Tout ceci vous étonne, Madame ?

Mad. ROBERT.

Donner sa main, devant moi à une petite fille de cette espèce !

GEORGES.

Une petite fille.... ah ! ce seroit un grand mal, si je vous faisois le don de ma fortune ! Tout me le dit à présent.

Mad. ROBERT.

Un grand mal ?

GEORGES.

Oui, madame : entre les mains de Rosette, cette somme, objet de vos regrets, sera le patrimoine des infortunés, j'en suis sûr ; dans vos mains, au contraire, que seroit-elle ? le bien de personne, pas même le vôtre, puisque l'avarice qui entasse perpétuellement, sans jamais répandre, ne jouit pas elle-même des richesses qu'elle posséde.

DU TAILLIS *en riant : à part.*

Oh ! la bonne et belle vérité !

Mad. ROBERT.

Le monstre !

GEORGES *en riant.*

Cette petite leçon, Madame Robert, vous apprendra qu'il ne faut jamais mépriser les malheureux.

Mad. ROBERT *hors d'elle-même.*

On se souviendra, toute ta vie, que tu n'es qu'un misérable enrichi.

GEORGES.

Je l'espère, car j'aurai soin de ne l'oublier jamais moi-même.

SCÈNE VIII.

CHAMPAGNE, M. DUPRÉ, GEORGES, DU TAILLIS, ROSETTE, Mad. ROBERT.

CHAMPAGNE *en colère.*

Oui, Monsieur Dupré, oui, tout ce que vous me contez là, prouve que vous avez fait une furieuse bévue.

M. DUPRÉ.

Vous me dites des choses fort étranges, monsieur. J'avoue que la conformité de nom auroit pu donner lieu à une méprise. La chose va s'éclaircir, car voilà encore le jeune homme, que j'ai cru le propriétaire de la cassette.

CHAMPAGNE.

Cet avanturier! ô ciel! c'est donc toi qui t'es emparé de mon bien, sous mon nom?

GEORGES.

Sous votre nom!

CHAMPAGNE.

Oui, mon nom, vil imposteur!

M. DUPRÉ.

Ce jeune homme n'est point un imposteur; on a vu ses papiers, ils sont en règle.

CHAMPAGNE.

Ses papiers n'y font rien; je m'appelle Mathurin-Georges Du Rocher.

GEORGES, *vivement*.

Qu'entends-je!

CHAMPAGNE, *vivement*.

Mon père étoit laboureur au village des Murs. La cassette, dites-vous, est adressée à Mathurin-Georges Du Rocher, fils d'un laboureur, du village des Murs; par conséquent, la cassette m'appartient.

M. DUPRÉ, *vivement*.

Si le nom que vous prétendez faire valoir est vraiment votre nom de famille, pourquoi n'êtes-vous connu que sous celui de Champagne, depuis quinze jours que vous habitez ce pays?

CHAMPAGNE.

La raison en est toute simple. Champagne étoit mon nom de guerre chez le maitre que je servois. Je l'ai conservé depuis ce tems-là.

M. DUPRÉ, *vivement*.

Mais enfin, ce matin, j'ai été prendre des informations dans ce village que vous dites être le lieu de votre naissance. (*Montrant Georges.*) On s'y est rappelé Monsieur; un jeune homme: quant à vous, je vous assure que vous y êtes bien oublié.

CHAMPAGNE.

Je le crois bien, il y a trente ans que j'en suis sorti, et que je n'y ai pas donné de mes nouvelles. On m'y croit mort, apparemment.

GEORGES, *vivement*.

Vous dites donc, monsieur l'aubergiste, que vous vous appelez Mathurin-Georges Du Rocher?

CHAMPAGNE.

Vous en doutez, peut-être?

GEORGES, *vivement.*

Et vous êtes né au village des Murs?

CHAMPAGNE, *avec impatience.*

Oh! voilà bien des questions! (*Il tire de sa poche un vieux porte-feuille de cuir noir, et y prend deux papiers.*) Tenez, monsieur le notaire, voyez si j'en impose... Ceci, c'est mon passe-port... Voilà mon extrait baptistaire : lisez.

M. DUPRÉ, *après avoir lu, et lui rendant ses papiers.*

C'est sans replique.

GEORGES.

Il se nomme comme moi!

M. DUPRÉ.

Comme vous absolument. Et tout comme vous, il doit le jour à un laboureur, lequel fut, ainsi que votre père, habitant du hameau qui vous a vu naître.

GEORGES, *se tournant vers Champagne.*

En ce cas, vous êtes mon oncle et mon parrain.

CHAMPAGNE.

Votre oncle, moi?

GEORGES.

Oui; vous êtes frère de feu mon père. Quelques jours après m'avoir tenu sur les fonts de baptême, vous partites.

CHAMPAGNE.

A la vérité, j'avois un neveu que je n'ai pas vu depuis le moment de sa naissance. Que ce soit vous ou un autre, je m'en moque. M. Dupré, en jasant, vient de me conter l'histoire de cette cassette que vous vous êtes appropriée si lestement. Vous ignorez d'où elle vient : je ne l'ignore pas, moi; et je prétends qu'elle me soit rendue.

M. DUPRÉ.

Messieurs, l'homme qui me l'a confiée n'a point voulu me faire connoitre celui qui l'envoye. Il s'est contenté de dire que les cinq cents mille livres appartiennent à Mathurin-Georges Du Rocher, fils d'un Laboureur arrivant de voyage, et devant résider ici depuis fort peu de tems.

CHAMPAGNE.

N'est-ce pas moi qui suis établi depuis peu dans ce village?

M. DUPRÉ.

Il est vrai : vous avez voyagé?

CHAMPAGNE.

Belle demande: Quand on a servi un colonel de Housards, on a vu du pays, je pense! Ne m'avez-vous pas dit, M. Dupré, que le porteur de la boëte a déclaré qu'elle lui a été remise à Marseille?

M. DUPRÉ.

J'en conviens.

CHAMPAGNE.

A Marseille! Cela explique tout, c'est à moi que la cassette est envoyée.

M. DUPRÉ.

Comment cela?

CHAMPAGNE.

J'ai sauvé la vie à un homme de Marseille.

M. DUPRÉ.

Eh bien?

CHAMPAGNE.

Nous étions dans une barque, la mer étoit fort grosse; une imprudence le fit tomber à l'eau; je lui jetai un bout de corde, il s'y acrocha, et fut sauvé.

DU TAILLIS *en colère et très-impatienté.*

Ah bon Dieu! le bel exploit!

CHAMPAGNE.

Monsieur, me dit-il, je pars pour le Levant. Si mon voyage est heureux, je me souviendrai que je vous dois la vie. Cet homme sera revenu opulent, se sera informé de moi, et ce bienfait sûrement est une marque de sa reconnoissance.

Mad. ROBERT *avec joie.*

L'excellente aventure! je serai vengée!

M. DUPRÉ.

Et vous, monsieur, avez-vous des connoissances à Marseille?

GEORGES.

Non, Monsieur, je n'y connois personne.

M. DUPRÉ.

Mais enfin, ne voyez-vous rien qui puisse vous faire soupçonner que ce soit à vous cette somme?

GEORGES.

Je vous ai dit que non. Je ne sais point trahir la vérité. J'ai voyagé avec un savant qui m'honoroit de son estime et qui s'appeloit M. de Limours. C'étoit, il est vrai, le plus généreux des hommes; mais sa médiocre fortune suffisoit à peine aux frais de ses voyages. Il avoit même tout perdu, quand nous fûmes contraints de nous séparer.

CHAMPAGNE.

Eh bien, M. Dupré, êtes-vous encore dans l'incertitude? [*Parlant à Georges.*] Donnez-moi mon argent, mon neveu. Allons donc, veux-tu bien me donner ma cassette?

GEORGES *fièrement.*

Elle est chez monsieur le notaire; vous êtes le maître de l'y aller chercher.

CHAMPAGNE.

Allons-y tout de suite.

M. DUPRÉ.

Un moment : l'affaire est délicate, Il faut des éclaircissemens plus certains.

GEORGES.

Ils seroient inutiles. La chose est toute éclaircie.

CHAMPAGNE.

Il le dit lui-même, vous le voyez; allons chez vous, M. le notaire.

M. DUPRÉ.

C'est au Juge à prononcer. Allons chez lui préalablement. Ma demeure est près de la sienne. Si sa décision est en votre faveur, le dépôt vous sera remis sur-le-champ.

CHAMPAGNE.

Eh! qu'est-il besoin de Juge? mes droits sont clairs comme le jour.

M. DUPRÉ.

Ils paroissent plus clairs que ceux de Monsieur, j'en conviens; mais il faut agir légalement en toutes choses. Venez, messieurs.

GEORGES.

Je vous dis, monsieur, que cet argent ne peut m'être adressé; ainsi, ma présence...

M. DUPRÉ.

N'importe, venez, Monsieur; et vous aussi, Mad. Robert.

Mad. ROBERT.

Moi? oh! très-volontiers, M. Dupré.

M. DUPRÉ.

Suivez-moi tous, je vous en supplie. Comme j'ai été le dépositaire de la somme, je veux que ma conduite, en cette circonstance, ait la plus grande publicité. [*A part.*] Que je plains ce pauvre jeune homme!

Fin du quatrième Acte.

ACTE V.
SCÈNE PREMIÈRE.
CHAMPAGNE, *venant de chez le Juge, accourant et et sautant de joie. Il tient la cassette.*

C'EST à moi, c'est à moi le trésor! Je le tiens, le voilà! Mon nigaud de neveu a tant répété, a si bien prouvé qu'il ne pouvoit lui appartenir, que le Juge a fini par m'adjuger la somme. Dans le fait, il n'a pu juger autrement. C'étoit pour moi, rien de plus clair.

SCÈNE II.
MAD. ROBERT, DU TAILLIS, GEORGES, M. DUPRÉ, ROSETTE, *venant tous de chez le Juge,* CHAMPAGNE.

Mad. ROBERT, *arrivant la première.*

AH! je suis dans l'enchantement!

CHAMPAGNE, *sans voir les acteurs qui entrent, et toujours occupé de son argent.*

Cinq cents mille livres! J'en deviendrai fou. Loin de moi cette enseigne d'un métier vil et obscur. [*Il arrache son tablier et le jette loin de lui. Se tournant vers sa maison, d'un ton d'importance*] Holà! quelqu'un! Guillot, Guillot?

SCÈNE III.
LES PRÉCÉDENS, GUILLOT.

GUILLOT, *sortant de l'auberge.*

PLAIT-IL, not' maitre?

CHAMPAGNE.

Va me chercher ma perruque neuve, et le plus bel habit de ma garde-robe.

GUILLOT.

Oui, not' maitre. [*Il rentre dans l'auberge.*]

SCÈNE IV.
DU TAILLIS, GEORGES, M. DUPRÉ, CHAMPAGNE, MAD. ROBERT, ROSETTE.

M. DUPRÉ, *s'approchant de Georges.*

Vous aurez joui d'une prospérité bien courte, monsieur, j'en suis fâché; car vous me paroissez un homme de bien. Mais puisque cette grande fortune ne sort point de la famille, je ne doute pas que votre oncle ne se conduise avec vous en parent généreux et sensible.

CHAMPAGNE.

Il est bon-là, M. Dupré!

M. DUPRÉ, *parlant toujours à Georges.*

[*Avec intérêt.*] Je vous quitte un moment. [*Parlant à Georges, à Du Taillis et à sa fille.*] Attendez-moi ici tous les trois. [*Parlant à Georges seul.*] Vous m'inspirez beaucoup d'estime; je serai bien aise de causer avec vous. [*Il sort.*]

SCÈNE V.

CHAMPAGNE, GEORGES, DU TAILLIS, MAD. ROBERT, ROSETTE.

CHAMPAGNE.

Il est drôle, ce notaire!... Faire du bien à un impertinent, qui tantôt s'est donné les airs de molester son oncle, à qui il doit respect!

Mad. ROBERT.

Vous auriez trop de bonté!

CHAMPAGNE.

Un vaurien, selon toute apparence, et par-dessus tout cela, mon rival, peut-être!

Mad. ROBERT.

N'en doutez pas. Déjà il offroit votre fortune avec sa personne à Rosette.

CHAMPAGNE *avec colère.*

A Rosette? Qu'il cherche un asyle et des secours ailleurs que chez moi. (*Parlant à Georges.*) Ne manque-t-il rien dans la cassette?

GEORGES *froidement.*

Ah! j'ai sur moi quelque argent, que j'en avois tiré pour mon usage.

CHAMPAGNE.

De l'argent? il me le faut.

GEORGES.

Je n'y songeois pas. Le voilà.

CHAMPAGNE.

Eh bien, mameselle Rosette, me trouvez-vous à présent, un mari digne de vous?

ROSETTE.

Oh! mon dieu non! pas plus que ce matin.

H ij

CHAMPAGNE *étonné*.

Ha, ha!

DU TAILLIS *sèchement*.

M. Champagne, ma fille est destinée à cet honnête homme: ils s'aiment, il est juste de les marier ensemble.

CHAMPAGNE *en riant*.

Voilà un père et une fille d'une espèce rare!

Mad. ROBERT.

Pour ça oui: pauvres et désintéressés!

CHAMPAGNE.

Vous faites la renchérie, mademoiselle, quand c'est à moi de me faire valoir! Tant pis pour vous, tant pis pour vous! Avec ma cassette, j'épouserois tout le monde, si je voulois. Que vous en semble, madame Robert, vous qui savez calculer?

Mad. ROBERT *lui faisant des mines*.

Vous avez bien raison, M. Champagne.

CHAMPAGNE.

Sans aller plus loin, si je vous faisois ma cour; vous sentiriez un peu mieux le prix de mes soins, n'est-il pas vrai, madame Robert?

Mad. ROBERT *minaudant*.

Vous m'avez toujours paru fort aimable, M. Champagne.

CHAMPAGNE.

Vous ne laissez pas d'avoir aussi quelques agrémens. Oui, en vous considérant, je trouve que vous valez votre prix comme une autre. Vous êtes veuve et riche; vous n'avez point d'enfans. Toute réflexion faite, voulez-vous tâter d'un second mariage?

Mad. ROBERT.

Parlez-vous sérieusement, M. Champagne?

CHAMPAGNE.

Oui... Vous êtes-là: tout est dit. Si vous voulez, je vous épouse.

Mad. ROBERT *à part*.

Il est bien vieux et bien laid; mais sa cassette est superbe: et je serai vengée de ces deux êtres-là.

CHAMPAGNE.

Vous hésitez?

Mad. ROBERT *lui faisant la révérance*.

Bien au contraire, M. Champagne. Je sais trop apprécier l'offre que vous me faites...

CHAMPAGNE *d'un air de protection*.

Voilà ma main.

Mad. ROBERT.

Je la reçois de tout mon cœur.

CHAMPAGNE.

Mais Guillot ne vient pas. [*Il appelle.*] Guillot?

SCÈNE VI.

LES PRÉCÉDENS, GUILLOT.

GUILLOT *avec l'habit et la perruque.*

Me voilà, not' maître.

CHAMPAGNE.

Allons donc.

GUILLOT.

Dame, not'. maître, c'est que je ne trouvois pas.

CHAMPAGNE.

Donne-moi mon habit.

Mad. ROBERT.

Votre cassette vous gêne: si vous vouliez je l'irois déposer chez moi.

CHAMPAGNE.

Fort obligé de votre attention, madame Robert ; mais ma cassette ne me quitte point. [*Il la pose à terre, et met un pied dessus.*]

Mad. ROBERT.

Comme il vous plaira. [*Parlant à Georges d'un ton railleur.*] Eh bien, M. Georges, vous ne dites mot; vous avez l'air pétrifié !

CHAMPAGNE *en mettant son habit.*

En effet, quoiqu'amoureux et bien traité de sa bergère, il n'a pas l'air triomphant, M. mon neveu.

Mad. ROBERT.

Je le conçois: avoir mis une grande fortune aux pieds de cette beauté sans pareille !

CHAMPAGNE *en mettant sa perruque.*

Et n'avoir fait qu'un beau rêve.

Mad. ROBERT.

C'est un peu contrariant. [*avec le ton du persifflage.*] Mais ces pertes-là touchent peu les grandes ames.

DU TAILLIS *avec humeur.*

Madame Robert, n'insultez pas au malheur de ce pauvre jeune homme.

Mad. ROBERT *toujours persifflant.*

Les grandes ames savent se passer de ce vil métal, de cette boue qu'on appelle argent.

####### Du Taillis *brusquement.*

Oui, madame Robert, on peut se passer de richesses comme de vous.

####### Mad. Robert *en riant.*

C'est un philosophe aussi, que M. du Taillis !

####### Champagne *riant, et achevant sa toilette.*

Je crois qu'oui.

####### Du Taillis.

Allez au diable, et laissez-nous en repos.

####### Mad. Robert.

Ils sont en colère !

####### Champagne *reprenant sa cassette*

Oh ! ils s'appaiseront !

####### Mad. Robert.

Je n'en doute pas. Songeons à nos affaires.

####### Champagne.

Vous avez raison. Me voilà prêt: allons chez le notaire. [*D'un ton moqueur.*] Adieu, couple amoureux. Cet amour-là produira de grandes choses ! [*Il donne le bras à madame Robert. Ils sortent. Guillot rentre dans l'auberge.*]

SCÈNE VII.
DU TAILLIS, GEORGES, ROSETTE.

####### Du Taillis.

Comme ça vous est insolent ! Si ce n'étoit la prudence... [*Il fait avec son bras le geste de battre.*] Eh bien, mon camarade ?

####### Georges.

Eh bien, M. du Taillis ?

####### Du Taillis.

Vous voyez que la fortune est une capricieuse ?

####### Georges.

Oui tout concourt à me le persuader.

####### Du Taillis.

Le monde est ainsi fait.

####### Georges.

Ce qui m'arrive est inouï peut-être ! j'en suis accablé !

####### Du Taillis.

Pensez-vous que cela empêchera votre mariage avec ma fille ?

####### Georges *vivement.*

Ah ! que me parlez-vous de mariage ! Je ne peux plus faire le bonheur de Rosette ; je renonce à celui de la posséder.

Du Taillis.

Y renoncer! ça ne sera pas, ça: qu'en dis-tu ma fille?

Rosette *avec le plus grand attendrissement.*

Ce matin, je n'imaginois rien de si doux que de partager votre mauvais destin. J'en fais l'aveu. Pensez-vous, Georges, que de tels sentimens puissent changer en si peu de tems?

Georges *vivement, mais bien pénétré.*

Plus vous me montrez de générosité l'un et l'autre, plus je m'impose la loi de n'en abuser jamais. Le ciel doit aux vertus de Rosette un époux qui lui fasse couler des jours fortunés; et quel seroit son sort avec un mari tel que moi?

Du Taillis.

Celui d'une fille sage qui épouse un homme de bien. Ne l'êtes-vous pas homme de bien?

Georges *très-vivement.*

Sans doute; mais en suis-je moins une victime constante de l'adversité?

Du Taillis.

L'adversité vous fait quelque chose, à vous que j'ai cru si raisonnable? Vous m'étonnez! N'y a-t-il pas des millions d'hommes sur la terre, cent fois plus à plaindre que vous?

Georges.

J'en conviens.

Du Taillis.

Si vous veniez de perdre un bras ou une jambe, je pourrois vous dire: c'est un malheur, ça: mais quelques sacs de monnoie de plus ou de moins, est-ce donc là de quoi désoler un honnête homme?

Georges, *avec la plus grande sensibilité.*

Je serois digne de tous vos mépris, si c'étoit pour moi que je regrettasse le bien que je perds. J'ai connu le contentement au sein de la pauvreté. Mais il est au monde un bonheur suprême, celui de compter les objets que l'on aime, parmi les heureux que l'on fait; ce bonheur inexprimable, je commençois d'en jouir, et ce n'a été que l'illusion d'un moment.

Du Taillis.

Vous êtes privé d'un plaisir, à la bonne heure; mais croyez-moi, jeune homme, quand on a ceci tranquille, (*il met la main sur son cœur*) on ne peut pas, non, non, on ne peut pas être malheureux.

GEORGES *très-vivement, et même avec un peu d'emportement.*

Vous avez raison, pour l'homme qui vit isolé sur la terre; mais si vous tenez à d'autres objets par les nœuds les plus doux, et que vous n'ayiez que des maux à leur faire partager, vous défendrez-vous alors d'une douleur légitime? Peut-être ne sentez-vous pas comme je le sens d'avance, le tourment affreux de voir une épouse, des enfans qu'on chérit plus que soi-même, livrés à tous les maux qu'entraîne la misère?

DU TAILLIS.

La misère! Doit-on la craindre, quand on a de la jeunesse, des bras et du courage?

GEORGES, *vivement.*

Le travail ne m'épouvante point. Elevé dans les fatigues de la vie champêtre, ce seroit avec joie que je verrois mes sueurs arroser la terre, si j'étois sûr qu'elles dussent faire naître quelques fleurs sous les pas de votre fille; mais ne savez-vous point qu'il y a des hommes à qui rien ne réussit jamais, et qu'une espèce de malédiction poursuit jusques dans les objets qui les intéressent? Ne voyez-vous pas qu'un éclair de bonheur ne vient de luire à mes yeux, que pour me faire entrevoir l'abîme où je suis plongé? Voulez-vous y tomber avec moi?

DU TAILLIS.

Dites-moi donc, est-ce ainsi que vous répondez à notre amitié?

GEORGES. (*Son désespoir augmente.*)

Je connois tout le prix de cette amitié si noble et si désintéressée: elle vous aveugle sur mon sort. Mes amis, mes chers amis, laissez-moi, je vous en conjure.

DU TAILLIS.

Vous laisser!

GEORGES, *avec un désespoir concentré.*

Que dis-je! c'est à moi de fuir. (*Sentencieusement.*) Quand on ne peut vivre auprès de ceux qu'on aime, sans leur communiquer l'influence d'une étoile funeste, il faut mettre entr'eux et soi un espace éternel.

DU TAILLIS.

Perdez-vous l'esprit?

GEORGES *s'approchant de Rosette.*

(*Du ton le plus doux et le plus attendri, mais vivement.*) O vous, qui serez toujours regrettée, toujours adorée: vous dont l'image charmante ne mourra dans mon

mon cœur qu'avec mon cœur lui-même, recevez mes derniers adieux. (*Il veut s'en aller.*)

ROSETTE *jetant un cri, et fondant en larmes.*

Mon père! il s'éloigne!

DU TAILLIS *vivement et avec fermeté.*

Où allez-vous?

GEORGES.

Où m'entraîne la loi immuable du destin.

DU TAILLIS.

Vous ne vous en irez pas

GEORGES, *d'un ton ferme.*

Pensez-vous qu'il y ait quelqu'un sur la terre qui puisse empêcher ma destinée de s'accomplir? (*Il s'éloigne.*)

DU TAILLIS *d'un ton presque courroucé, et se mettant au-devant de Georges.*

Oui; et ce quelqu'un-là, c'est moi, c'est le père du Taillis. (*Avec le cri du sentiment.*) Tu ne nous quitteras jamais, mon ami Georges!

GEORGES *se précipitant dans ses bras.*

Ah! mon père!

SCÈNE VIII.

LE NATURALISTE, DU TAILLIS, GEORGES, ROSETTE.

DU TAILLIS.

VOILA bien des façons pour demeurer avec de bonnes gens qui veulent être tes amis!

LE NATURALISTE *sortant du cabaret.*

Je suis tombé dans une bonne auberge, grâce au ciel! (*Il vient sur le devant de la scène.*)

DU TAILLIS *un peu brusquement.*

Georges, venez.

LE NATURALISTE *fixant Georges.*

Me trompé-je? mon voleur!

DU TAILLIS *prenant Georges sous le bras.*

Venez, venez avec nous.

LE NATURALISTE.

Je ne me trompe pas... Il se sera évadé! Bon, M. le garde, arrêtez! arrêtez ce misérable! c'est le voleur de ma valise!

DU TAILLIS.

Ho, ho! l'homme à la valise! d'où diable sort-il?

LE NATURALISTE.

Tenez-le bien!

DU TAILLIS *en riant.*

Il ne s'en ira pas, j'en réponds.

I

Le Naturaliste.

Ha, ha! tu cherchois à te soustraire au glaive de la loi? (*Parlant à Du Taillis.*) Comment s'est-il échappé? Je vais appeler main-forte : à la garde, à la garde, à la garde. (*Les Cavaliers paroissent.*)

Du Taillis.

Doucement, monsieur! je vois que vous n'êtes pas instruit de la suite de votre affaire. Ce jeune homme a paru devant le Juge; et sur la déclaration de deux malfaiteurs que j'ai moi-même arrêtés, et qui sont, de leur propre aveu, les seuls auteurs du vol de votre valise, son innocence a été reconnue, et on lui a rendu la liberté.

Le Naturaliste *confondu, à Georges.*

Ah! pardon, Monsieur! les apparences déposoient contre vous. Je vous ai tenu des discours offensans; j'en suis fâché, et je vous prie d'en recevoir mes excuses.

Georges, *très-honnêtement.*

Ne parlons plus de cela, Monsieur. J'ai pour maxime d'oublier les injures, et de ne me souvenir que des bienfaits.

SCÈNE IX.

Les Précédens, M. Dupré.

M. Dupré, *avec empressement.*

Monsieur Georges, je vous ai prié de m'attendre: je viens vous déclarer que je ne peux souffrir qu'un jeune homme plein de vertu, soit, sous mes yeux, victime de l'infortune : venez chez moi, je vous offre ma maison... (*Se retournant.*) Que vois-je? le porteur de la cassette! Vous êtes ici, monsieur?

Le Naturaliste.

J'y suis bien malgré moi, je vous assure.

M. Dupré.

J'ai su qu'une fâcheuse aventure vous avoit obligé de reparoître dans le canton; mais je vous croyois reparti.

Le Naturaliste.

C'étoit bien mon intention en sortant de la forêt: mais la recherche de ma valise avoit tellement harassé mon pauvre cheval, qu'il est mort de lassitude sur le grand chemin. Forcé de prendre le coche qui n'arrivera que demain, je suis revenu; j'ai vu cette auberge, et j'y suis entré. Me voilà bien restauré, bien reposé, et tout prêt à partir. Eh bien, M. le notaire, avez-vous trouvé l'homme aux cinq cents mille francs?

M. Dupré.

Oui, Monsieur; déjà même il est en possession de la cassette.

LE NATURALISTE.

Ah! tant mieux, j'en suis charmé.

M. DUPRÉ.

Peu s'en est fallu que je ne fisse une grande méprise, car monsieur porte aussi le même nom.

LE NATURALISTE *avec intérêt.*

Comment! ce jeune homme s'appelle Mathurin-Georges Du Rocher?

GEORGES *honnêtement.*

Oui, Monsieur.

M. DUPRÉ.

Et je lui avois d'abord remis la cassette; mais le maître de cette auberge (*indiquant l'auberge,*) frère du père de Monsieur, et se nommant comme lui, a donné des renseignemens plus certains, et la somme lui a été adjugée.

LE NATURALISTE *avec feu.*

Eh, Monsieur, l'homme à qui j'apportois cette somme, n'est point un aubergiste, c'est un jeune philosophe.

M. DUPRÉ *étonné.*

Un philosophe: je n'en connois pas dans ce canton.

LE NATURALISTE *encore plus vivement.*

Il revenoit d'Ispahan, capitale de la Perse, quand il est repassé en France.

GEORGES *vivement.*

Eh, Messieurs, j'en arrive.

LE NATURALISTE *avec chaleur.*

D'Ispahan?

GEORGES.

Oui, Monsieur. C'est à Ispahan même que j'ai laissé M. De Limours, un savant bien connu, avec qui je voyageois.

LE NATURALISTE *avec chaleur.*

M. De Limours! Voilà l'homme à qui il faut donner les cinq cents mille livres. Lisez, M. le Notaire.

M. DUPRÉ *lit.*

» Je charge M. Pompéïa...

LE NATURALISTE.

C'est mon nom.

M. DUPRÉ *continuant de lire.*

» Dont la probité m'est bien connue, de déposer chez
» le notaire du village des Murs, ou d'un village voisin,
» cinq cents mille livres, pour être délivrés à Mathurin-
» Georges Du Rocher, âgé de trente ans, qui a parcouru
» avec moi l'Asie, l'Afrique, etc. LIMOURS.

Tous les Acteurs *vivement*.

Ah! grand Dieu!

M. Dupré *au Naturaliste*.

Mais, Monsieur, pourquoi ne m'avez-vous pas dit cela tout de suite?

Le Naturaliste *vivement*.

Pourquoi? pourquoi? Parce que ce n'est point dans l'étalage de la bienfaisance, qu'un homme tel que M. De Limours, cherche le prix de ses bienfaits. En enrichissant ce jeune homme, il vouloit que son nom fût ignoré. A ce trait, M. le notaire, reconnoissez un vrai philosophe.

Georges.

Mais, Monsieur, ce savant respectable avoit tout perdu à l'époque de notre séparation?

Le Naturaliste.

Je le sais; mais en arrivant à Marseille, la mort de son frère, riche négociant de cette ville, l'a rendu maitre de trois millons de bien. (*Appellant*.) M. l'aubergiste, M. l'aubergiste? Ah! il faut qu'il restitue!

M. Dupré *vivement*.

A l'heure même. Je l'ai laissé chez moi avec mon clerc, qui dresse son contrat de mariage. Je vais le chercher... Mais le voici justement, avec madame Robert, et ce qu'il y a de plus heureux, avec la cassette. (*Aux Cavaliers*.) Mes amis, lorsqu'il s'agira de la lui faire rendre, ne le perdez pas de vue, c'est essentiel.

SCÈNE X.

DU TAILLIS, GEORGES, LE NATURALISTE, M. DUPRÉ, ROSETTE, CHAMPAGNE, Mad. ROBERT, LES CAVALIERS.

Du Taillis *en riant*.

Eh bien, M. Champagne, vos dispositions sont-elles faites?

Champagne.

Oui, les articles du contrat sont dressés et signés.

Mad. Robert *à part*.

Et il y a un dédit de cinquante mille livres payables tout de suite, par celui des deux contractans qui retireroit sa parole.

Champagne.

Mad. Robert a paru desirer cet arrangement, et quoique le plus riche, j'ai bien voulu en passer par-là. Mais que faites-vous donc ici avec ces bonnes gens, M. Dupré?

LE NATURALISTE.

Je vais vous le dire, M. l'aubergiste.

CHAMPAGNE *avec hauteur.*

Je ne suis plus aubergiste, Monsieur, entendez-vous?

LE NATURALISTE.

Soyez ce qu'il vous plaira, il m'importe peu. Ce qui m'importe en ce moment...

M. DUPRÉ *l'interrompant.*

Laissez-moi m'expliquer. Vous avez la cassette, M. Champagne? (*Les Cavaliers l'entourent.*)

CHAMPAGNE.

Ma cassette! parbleu! la voilà!

M. DUPRÉ *tendant la main.*

Voyons, montrez... Avez-vous de la méfiance?

CHAMPAGNE *voyant les Cavaliers.*

Moi, M. Dupré, point du tout. (*Il laisse prendre la cassette.*)

M. DUPRÉ *vivement.*

Tenez, M. Georges, reprenez votre fortune. (*Il lui donne la cassette.*)

CHAMPAGNE.

Sa fortune! je n'aime pas ces sortes de plaisanteries, M. le Notaire! (*Il s'élance.*) Ma cassette! (*Les Cavaliers l'arrêtent.*)

M. DUPRÉ.

Je ne plaisante point. Je restitue à votre neveu ce qui est à lui bien légitimement.

Mad. ROBERT.

Quelle indignité! (*Elle veut arracher la boëte des mains de Georges.*) Rends-moi la cassette, perfide!

GEORGES *la repoussant doucement, en souriant.*

Non pas, s'il vous plait, madame Champagne. Je ne peux m'en dessaisir en votre faveur. M. le Notaire, veuillez bien la reprendre et la garder chez vous jusqu'à nouvel ordre. (*Le Notaire la reprend.*)

CHAMPAGNE.

Pas de mauvais tour, au moins, M. Dupré! [*D'un ton furieux.*] Je veux mon argent!

M. DUPRÉ *fermement.*

Il ne vous appartient pas.

CHAMPAGNE *hors de lui.*

Il ne m'appartient pas.

LE NATURALISTE *avec fermeté.*

Non, monsieur mon Hôte, il ne vous appartient pas. Je suis le porteur de la cassette.

CHAMPAGNE *tout ébahi.*

Vous?

LE NATURALISTE.

Moi-même, et ce n'est point à vous; c'est à votre neveu que j'ai dû le faire parvenir.

Mad. ROBERT *avec un cri.*

Ah! quel tour infernal!

CHAMPAGNE *anéanti.*

Est-il possible!

DU TAILLIS *en riant.*

M. Champagne, je vous conseille de reprendre votre tablier.

CHAMPAGNE *désolé.*

O mon dieu! mon dieu!

DU TAILLIS.

Pourquoi vous désoler? Puisque vous épousez madame Robert, dont la richesse est connue, vous n'êtes point à plaindre.

Mad. ROBERT.

Moi, j'épouserois ce vieux radoteur! ce misérable cabaretier!

CHAMPAGNE.

Que dites-vous, mad. Robert, vous ne m'épouserez pas?

Mad. ROBERT.

Plutôt mourir!

CHAMPAGNE *fermement.*

Mourez donc tout de suite; sinon, dès demain, je serai votre seigneur et maître.

M. DUPRÉ *riant.*

Madame Robert aimera peut-être mieux payer le dédit de cinquante mille livres.

Mad. ROBERT.

Ah! monsieur! c'est presque toute ma fortune! malheureuse! dans quel abîme t'es tu plongée!

CHAMPAGNE.

Comment! madame ma future, vous ne sentez pas mieux que ça le bonheur d'être madame Champagne?

Mad. ROBERT.

Fuyons pour jamais cet odieux séjour. [*Elle veut fuir.*]

CHAMPAGNE, *la retenant.*

Ne prétendez pas m'échapper... [*Elle se dégage de ses mains avec fureur, rentre dans sa maison, et ferme brusquement sa porte.*]

CHAMPAGNE, *la poursuivant.*

Je saurai, je saurai, faire valoir mes droits. [*Revenant sur ses pas, d'un ton bien humble.*] J'ai de grands torts envers vous, mon cher neveu.

GEORGES, *froidement.*

Je ne m'en souviens plus.

CHAMPAGNE.

Nous vivrons ensemble, n'est-ce pas mon cher neveu ?

GEORGES.

Oui, mon oncle, lorsque vous saurez respecter l'indigence, et exercer l'hospitalité.

DU TAILLIS, *avec impatience.*

C'est ce qu'il ne saura jamais.

CHAMPAGNE, *d'un ton suppliant.*

Père Du Taillis !

DU TAILLIS.

Monsieur Champagne, cessez de troubler la joie d'un si doux moment, laissez-nous.

CHAMPAGNE.

Mes amis, de grace !

DU TAILLIS, *avec colère.*

Eh ! laissez-nous !

CHAMPAGNE.

Tâchons de nous consoler avec les cinquante mille francs. Allons, allons, Madame Robert, il faut vous exécuter sur-le-champ. [*Il entre brusquement chez elle.*]

SCÈNE DERNIÈRE.

LE NATURALISTE, GEORGES, M. DUPRÉ, DU TAILLIS, ROSETTE.

LE NATURALISTE.

Ces gens-là vous vengeront eux-mêmes de leurs mauvais procédés.

DU TAILLIS.

Tant mieux ! il faut que les mauvais cœurs soient punis.

GEORGES, *parlant au Naturaliste.*

Excusez ma franchise, Monsieur ; mais la fortune ne paroît pas vous rire extrêmement.

LE NATURALISTE.

Il est vrai qu'elle se venge, de temps en temps, du mépris que j'en ai toujours fait ; témoin la mort de mon pauvre cheval.

GEORGES.

La fortune n'est pas estimable par elle-même ; mais en songeant au bon emploi qu'on en peut faire, on ne doit pas rejeter ses avantages. Si vous daignez accepter seulement le dixième de la somme que vous m'avez apporté ?

LE NATURALISTE.

Quoi ! vous voudriez distraire cinquante mille francs de votre cassette ? Vous vous moquez.

GEORGES.

Pensez-vous que je prétende vivre dans la magnificence?

LE NATURALISTE.

Je vous estime trop pour le croire.

GEORGES.

Ce n'est donc point un sacrifice que je fais en vous offrant une portion de mon superflu ; ce n'est pas même un service que je vous offre, c'est un plaisir que je vous demande.

LE NATURALISTE.

J'aime votre franchise et vos nobles sentimens. J'en suis touché jusqu'aux larmes. Bon jeune homme ! j'accepte les cinquante mille francs, et je les laisse entre les mains de Monsieur le notaire. J'en disposerai, si j'en ai besoin. Si je peux, je m'en passerai.

DU TAILLIS, *avec émotion*.

Bravo, mon gendre, voilà comme j'agirois à votre place.

GEORGES.

Et vous, belle Rosette, approuvez-vous ce que je fais ?

ROSETTE, *bien attendrie*.

En doutez-vous ? Quand tout ce que vous faites, m'assure que le premier des biens pour vous sera le cœur de votre épouse. [*Il lui baise la main.*]

GEORGES.

Que de félicité ! [*Gaiement.*] Allons, M. le notaire, apprêtez-vous à faire notre contrat de mariage.

M. DUPRÉ.

De tout mon cœur ! Je ne connois personne qui mérite plus que vous d'être heureux.

GEORGES.

Et vous, digne père de Rosette, déposez cette arme meurtrière.

DU TAILLIS, *riant*.

Je ne serai donc plus garde de la forêt.

GEORGES.

Il est bien temps, mon brave père, que vous vous reposiez. [*Parlant au Naturaliste.*] Monsieur, j'ose exiger que vous ne nous quittiez pas avant la noce.

LE NATURALISTE.

Oui, je resterai. Je ne peux résister au plaisir de contempler au moins une fois en ma vie, l'assemblage unique peut-être, de la bonté, de l'amour, et de la vraie philosophie.

F I N.

www.ingramcontent.com/pod-product-compliance
Lightning Source LLC
LaVergne TN
LVHW051508090426
835512LV00010B/2418